無相而無不相。無為而無不為。

佛說阿彌陀經要解講義

理超象繫之表。智絕有空之境。

圓瑛法師◎著

阿彌陀經要解講義重刊序

俗習以祈年誦金剛，超薦誦彌陀，世久泥之，豈其然乎？夫佛法本圓，無不一體而廣用，其機如此，安能因世俗而變之哉。觀四句偈，戒着壽相，孰謂祈年，持一聲佛，罪消億劫，寧獨超薦耶？予友陳開士煌琳，學優而仕，退修淨業，歲乙巳，眉介七齡，亦其封翁返眞百紀。子弟輩咸謀稱觴，開士則唏噓追念遠芬，止之再，子弟請之再，既而曰：稱觴何若祈年，追遠莫如超薦，然二者皆當作福，有以成之，遂議刊是經解，行乎法施。於戲！盡美矣又盡善也。彌陀聖號，漢譯無量光壽，可云善祈年矣，聞經受持，即得往生，可云善超薦矣，子壽其父，孫薦其祖，詩云：「孝思不匱，永錫爾類」。刊施斯經，得非美耶？藕祖要解，靈巖印祖歎爲古佛不逾，文微感深，古閩瑛公復作講義以顯。印師開士之業師也，瑛公開士之鄉黨也，刊是經解，兼有尊師敬鄉之義，斯又足稱善矣。且所施之法，爲三根普被，利鈍全收者，普被則法易得宏，全收則衆易得化。合而觀之，以此經解刊施，實爲四恩總報，三有齊資，正不止一人之祈年，一人之超薦也，故曰：盡美矣又盡善也。或曰：然則金剛不可以祈年歟？曰：意不如是也，應依乎法，不依乎俗而已。金剛者般若之德，攝於六度，彌陀者無量之義，包乎四檀，於以見二經圓而不偏，不惟是也，即金剛亦非不四檀，就彌陀亦非不六度，更何執此用祈年，彼用超薦也哉。惟衆生根器多類，修持有專，般若宗下，自應法法不離金剛，淨土門中，何妨事事皆是彌陀。尚乎專也，非生執耳，今開士專精淨功，刋是亦當機之一道也。至其經中靈文，以及要解講義諸旨，緇素前賢，各有其序，俱已摛藻咀華，鉤玄抉微矣。予不學，不敢再爲言，茲僅就重刋緣起，略爲誌其鴻雪云爾。

中華民國歲次乙巳彌陀聖誕稷下李炳南謹識

圓瑛法彙序

閩中山川磅礴靈氣所鍾高僧輩出黃蘗心要百丈清規古德流風至今猶有存者圓瑛法師籍隸古田髫歲脫俗眞參實學孜孜弗懈卒能成就其德業光明俊偉與先哲同揆鄉人士皈依座下者如水趨壑比歲卓錫浙東先後住持七塔天童二寺法雨覃敷三根普被余今夏曾詣天童參承道席是時方演講楞嚴緇素翕集法師闡明義趣機辯縱橫聽者無不悅服又以持戒爲學佛之要每反復誥誡而不已信乎宗說兼通行解相應足爲學者之模楷也今海上佛學書局以法師平生撰著彙刻行世徵序於余夫我佛設教法門雖廣無非使人解黏脫縛明心見性而已學道之士眞積力久有悟於第一義諦靈光獨耀迥脫根塵雖不立文字可也其或明宗弘教發爲文辭等身著作亦可也何以故此心既空則文字與實相不相違異故法師願力宏毅所至修廢舉墜鉅細靡遺至於挺身衞道處事變艱危之會不怵不

撓。尤爲難能可貴。惟其眞理旣徹。應物無方。雖熾然有爲。而不著有爲之相。故觀法師之文。卽事卽理。圓融無礙。而佛法之體用彰明。具可於言外得之。嗚呼。魔說害敎。魚目混珍。大法之陵夷甚矣。有如法師言句引經據論涵義深廣。而歸於平實。是能燦眞燈於旣昏。續慧命於將墜者。余安得不爲之往復讚嘆也哉。

閩侯林翔敬撰

彌陀要解講義序

法門無量。統如來隨機而說。衆生既各入門。終令圓入佛道者也。夫彌陀經。乃釋尊普被三根。羣攝利鈍之法。故佛於方等中不俟請而矢口告舍利弗。廣讚極樂妙境。深歎彌陀光壽。勸人堅固信願。專持聖號。定得往生。終成佛果。斯經也。乃世尊以平等心。運無緣慈。於無量法門。開出方便中最方便捷徑中最捷徑者。良由末世衆生善根闇鈍。世緣囂雜。攝心尤難。若非至簡至捷。奇妙方便法門。而圓收豈易入道。是故佛經自東漸震旦以來。持誦之盛。往生之驗。無尚此經。由此自古先達注疏殊多。皆如日星具麗於天。江海皆匯於海。故諸緇素。其起信者。幷持而專切者。由來盛矣。迄明智旭大師特著要解。以釋此經。更超前賢之不逮。發所蘊奧之未發。析義判教。勸導信願。若畫龍之點睛。宛轉精耀。徹淨宗之骨髓。達佛意之普周。類六方之共讚。同諸佛之廣長。厥趣幽深。若非再添注釋。令人豈易入室。頃圓瑛法師。受天津居士林請講斯解全文。欲使衆聞瞭若指掌。特先編輯講義。普令或聞或見。一目貫通。夫荆山之玉。務須剖釋。衣裏明珠。總賴指示。師爲現代知識明眼宗匠。舒胸中之眞彩。發鑛裏之精金。俾達要解而入經義。由經義而悟自性彌陀。唯心淨土。則極樂蓮花不外當人一念。當念果證。步步皆是已矣。稿成付印而問序焉。余雖不敏。聊敘片言以弁其端。庶廣起信云爾。時壬午莫春。與慈謹撰

彌陀要解講義序

夫淨土之教。無相而無不相。無爲而無不爲。理超象繫之表。智絕有空之境。是諸佛不思議解脫大乘不二法門。故一切大士本行。皆始於發心。終於淨土。兼具萬善。成就衆生。功莫有先於此者矣。大化東流。廬山遠公創弘禪戒。首勸淨業。三觀聖相。沉厚不言。神鸞繼起。精修淨觀。流風益扇。及智者大師。以無礙解。說天台教。聖行道力。專志西方。自時厥後。弘一心三觀之旨者。罔不以淨土爲指歸。如四明尊者之觀經妙宗鈔。慈雲大師之決疑行願二門等。皆研窮理奧。曲暢玄風。卽考之扶桑淨土法門之開啓。亦皆歸功於慈惠之九品義。源信之往生要集。源空之選擇本願念佛集。此諸師者。皆天台宗人也。親鸞上人。既受源空選擇集之付囑。乃以非僧非俗之身。竭精弘闡。而斯教益盛。故淨土法門之與天台宗義。其關涉之深。有如此者。中土自宋元而降。天台諸祖。亦莫不盛弘淨土。靈峯大師崛起於明季。大明台教。因宗妙宗圓中。二鈔而造彌陀要解。所云要者。謂心要境要法門要。心要有破有立。破則破緣影之妄心。立則立卽境之眞心。境要有破有立。破則破緣影之妄土。立則立卽心之實境。法門要者。有事有理。事則淨土橫超三界。勝過一切豎出法門。理則心境圓融。自具十乘觀法。以天台性具法門。釋甚難希有之教。誠爲甚深法要。淨土資糧。顧其文約義豐。語近旨遠。講貫者衆。精詣罕覯。圓瑛法師。爲當今龍象。大乘司南。講席之盛。四方嚮往。旣以高座敷揚之語。錄成彌陀經講義。茲又錄成彌陀要解講義。俾未獲親侍講筵者。亦得均霑法乳。開啓愚蒙。大慈悲心。善巧方便。引領玄模。不勝慶喜。乃承不棄。索爲序引。粗述所懷。藉資讚勸。仰冀世賢。普共流通。傳燈無盡。同棲神於安養。指大覺以爲期爾。

中華民國三十一年五月一日靳雲鵬敬序

佛說阿彌陀經要解講義卷一

上海圓明講堂沙門韜光圓瑛講
弟子芬陀利子明暘日新錄

佛說阿彌陀經要解

今講此解略分為六。一種題目。二譯經法師。三解經大師。四著解序文。五解經玄義。六正釋經解。今先講一種題目。前佛說阿彌陀經六字是經題。後要解二字是疏題。

經題六字中。復有通別之分。前五字是別題。別者辨別與諸經之題不同。故後一字是通題。通者通同。凡是經藏皆名經故。㈠別題按古德七種立題中。乃是單人立題。諸經別名無量。不出七種。以人法喻三字有單的三種。即單人單法單喻。（一字為單）複的三種。即人法人喻法喻。（二字為複）具足一種人法喻三字。皆具足故。

單人立題。如本經佛說阿彌陀經。能說之佛。所說之佛。皆是大覺悟之人。是娑婆極樂兩土教主。已證究竟極果之人也。題中無法喻。○單法立題如大涅槃經。涅槃是不生滅之法。題中無有人喻。○單喻立題。如大寶積經。譬如大寶積聚。題中無有人法。○人法立題。如文殊問般若經。文殊是人。般若是法。題中無譬喻。○人喻立題。如如來師子吼經。如來是人。師子吼是喻。題中無法。○法喻立題。如妙法蓮華經。妙法是法。蓮華是喻。題中無人。○具足立題。如大方廣佛華嚴經。大方廣是最上一乘之法。佛是一切智人。華嚴喻以萬行因華。莊嚴果德。具足人法喻三字。諸經雖多。總不出此七種立題。

再將經題六字分講。先講佛字。梵語本有佛陀二字。譯爲覺者。卽大覺悟之者。（者字卽人也）中國人有好略之習慣。單稱佛之一字。我等信佛念佛學佛之人。第一要明白佛字意義。此字意義無窮。說不能盡。今且略講。佛者覺也。覺有本覺。始覺。究竟覺。佛卽究竟大覺之人。又覺有自覺。覺他。覺滿。佛卽覺行圓滿之人。又有法報應三身佛。等信佛念佛學佛之人。所應深知而解悟也。

何謂本覺。卽吾人本有之覺性。此性本來自有。不假修成。覺卽是佛。乃人人本具之佛性。今在凡夫迷位之中。稱為本覺。迷此本覺。而為不覺之衆生。雖然不覺。而本覺之性未嘗失。如醉漢衣裏明珠。貧人宅中寶藏。諸大乘經云。一切衆生。本來是佛。又云衆生本成佛道。又云一切衆生。本元眞如。與十方佛。無二無別。金剛云。是法平等。無有高下。皆謂此也。是本有覺性。故名本覺。

何謂始覺。因衆生本具佛性。迷而不覺。忽逢善知識開導。或看經書。方始覺悟。本具天眞佛性。此性有稱本來面目。或呼無位眞人。一向迷之。今始覺悟。故名始覺。

何謂究竟覺。前本覺屬理。始覺屬智。一切衆生。由本覺內熏之因。遇善知識開導。及看經書。外熏之緣。因緣具足。依理起智。方始覺悟。既覺悟已。則以智照理。時時迴光返照。照破一切妄惑。惑盡（即煩惱乾淨）智圓。（即菩提圓滿）復還本有心源。究竟清淨。朗然大覺。是名成佛。堪稱究竟大覺之人。

何謂自覺。即前所云。本覺內熏為因。善知識與經教外熏為緣。發起始覺之智。了知吾人本具佛性。生滅身中。自有不生滅性。稱性起修。必得無上菩提涅槃。成佛有分。此為自覺。

何謂覺他。即以自覺之理。輾轉教化他人。令他人亦得覺悟。亦能發心修行。不同二乘。無利他行願。自覺之後。不肯覺他也。

何謂覺滿。即自覺覺他。二種功行圓滿。自覺圓滿。斷五住煩惱。得四智菩提。則慧足。覺他圓滿。經三祇練行。住百劫修因。則福足。福慧滿足。為兩足尊。是名成佛。堪稱覺行圓滿之人。

又有法報應三身。佛身者。積聚之義。凡夫則積聚業報以成身。佛則不然。業盡識空故。○法身佛。是理積聚。積聚眞如理法以爲身。眞如圓淨徧一切處。法身亦然。故曰清淨法身毘盧遮那佛。梵語毘盧遮那。此云徧一切處。

報身佛。是智慧積聚。積聚一切種智以爲身。眞智圓滿。妄惑乾淨。故曰圓滿報身盧舍那佛。梵語盧舍那。此云淨滿。惑淨智滿也。

應身佛。是功德積聚。積聚無量功德以成身。三祇修福慧。百劫種相好。時至機熟。應機示現。故曰千百億化身釋迦牟尼佛。梵語釋迦牟尼。此云能仁寂默。能仁是姓。寂默是字。

今此能說之佛。卽釋迦牟尼佛。此佛名號。具悲智二德。自他兩利。釋迦譯能仁。屬悲德。能以仁惠度脫衆生。此爲利他。牟尼譯寂默。屬智德。寂照分明。默契至理。此為自利。

說者。古德云。悅所懷也。以佛有此圓頓法門。時未至。機未熟。祕而不宣。不暢本懷。今時至機熟。觀衆生於此圓頓法門。自能信願修行。故以八音四辯。暢悅本懷而說也。

阿彌陀。譯云無量壽。本經云。彼佛壽命。及其人民。無量無邊阿僧祇（此云無數）劫。故名阿彌陀。此無量之稱。有有量之無量。與無量之無量二種差別。彌陀法身。無始無終。及報身有始無終。皆無量之無量。而應身有始有終。乃有量之無量。應身壽量雖長。亦有涅槃。正法住世。劫亦無量。無有像法末法。正法上半夜滅盡。下半夜觀世音菩薩成佛。號普光功德山王如來。世界不名極樂。名為衆寶普集莊嚴。更勝極樂。

阿彌陀。又譯無量光。本經云。彼佛光明無量。照十方國。無所障礙。故名阿彌陀。佛有智光身光。智光徧照法界。是無量之無量。身光雖然徹照十方。

尚屬有量之無量。

又自性彌陀。亦具無量壽。無量光二義。自性竪窮三際。即無量壽義。自性橫徧十方。即無量光義。又彌陀法身眞理常住不變。即無量壽義。根本實智。徧照法界。即無量光義。此約理智而論。

若約事相而談。彌陀之無量壽光。亦屬修成。乃由願行功德之所莊嚴。彌陀因中。爲轉輪聖王。聞世自在王佛說法。從佛出家。名曰法藏比丘。對佛發四十八願。莊嚴極樂。依正二報。第十三願云。設我得佛。壽命有限量。下至百千億那由他劫者。不取正覺。第十二願云。設我得佛。光明有限量。下至不照百千億那由他諸佛國者。不取正覺。因願後歷劫修行。行滿果圓。故壽光悉皆無量。彌陀如是。我等若能發大願。立大行。亦可隨願所成也。

上講別題竟。

再講通題經字。梵語脩多羅。此云契經。乃是我佛。契理契機之教。上契諸佛所說之理。下契衆生可度之機。故曰契經。有教經。行經。理經之別。此經能詮之聲名句文。與所詮之信願持名。皆是對機之教。爲教經。其中所授執持名號清淨三業之行。爲行經。所有依正莊嚴。不出一心實相之理。爲理經。經題六字講竟。

疏題。要解二字。要是重要。綱要。蕅公老人智慧宏深。不事廣釋。但著要解者。欲將彌陀一經。重要之綱宗。提挈以示人也。略講本經要義。一直詮無上心要。此經佛說西方極樂依正莊嚴。卽是唯心之淨土。自性之彌陀。一切依正。不離吾人心性之外。此心非肉團之假心。非意識之妄心。乃是包太虛。周沙界。豎窮橫徧之眞心。生唯心淨土。卽是生現在極樂世界。唯心所現之淨土。非別有一淨土也。見自性彌。卽是見現在說法。唯心所現之彌陀。非另有一彌陀也。若依報。若正報。皆不離心。此爲本經之綱要二直示法門要。此經佛教人專持彌陀名號。以修淨土之行。行由信願而立。故經中先詳陳依正莊嚴以起信。次特勸應求往生以發願。三正示執持名號以立行。以一念消除種種妄念而得一心不亂。即此信願行三種資糧具足。便可橫超三界。往生極樂。圓證三不退地。（一位不退。二行不退。三念不退。）此爲法門之綱要。大師之解。即解如是要義。故名要解。一二種題目講竟。

二譯經法師

姚秦三藏法師鳩摩羅什譯

此經結集天竺。流傳中華。姚秦是紀時也。紀傳譯之時代。揀非符秦。乃是姚興在位時。故名姚秦。亦名後秦。前秦即符堅稱王。名符秦。時有異星現於西北分野。太史入奏。當有智人入輔中國。堅曰。朕聞龜茲國有鳩摩羅什法師。得非此人歟。即遣驍騎將呂光。率兵伐龜茲。臨行謂曰。朕非貪地用兵。若得法師。即日班師。馳驛送歸。龜茲王旣悉。即勸請法師入秦。以解國難。光迎師回國。至西涼。聞苻堅爲姚萇所殺。乃自據涼上。即三河王位。萇聞師名。屬請入關。光皆不允。姚興繼父位。復請不允。於是起兵伐涼。呂光卒。姪呂隆嗣位。無力抵抗。興乃得迎師至長安。待以國師之禮。延入西明閣。乃集義學沙門八百人。從什受學。什師所譯經論。九十八部。凡三百九十餘卷。此經亦所譯之一。時在姚秦。故以紀之。

三藏法師者。顯德也。一修多羅藏。此云契經。爲定學之藏。二毘柰耶藏。此云善治。又云律。爲戒學之藏。三阿毗曇藏。此云無比法。又云論。爲慧學之藏。〇法師有二義。一以三藏之法。爲我之師。即依法爲師也。二深通三藏之法。自行化他。可以爲人師範也。什師博通三藏。七佛以來。爲譯經師。堪稱三藏法師。

鳩摩羅什標名也。原名鳩摩羅耆婆什。譯云童壽。謂童年而有耆德也。有云此名。乃連父母爲名。父名鳩摩羅琰。母名耆婆。什者。善識。此方文字之稱。○譯者。易也。易梵語爲華言。周制掌四方之語。各有其官。北方曰譯官。漢時譯官。兼善西語。聖教西來。請其譯語。故以稱焉。

什師家世相國。其父鳩摩羅琰。棄官出遊。至龜茲國。王美其德。以妹妻之。生師。母即出家。得證初果。師年七歲。母亦令出家。日誦千偈。一日隨母入寺。見鐵鉢。即舉加頸。俄念鉢重。我年少力弱。何以能舉。力即不勝。遂悟萬法唯心之旨。慧性過人。九歲隨母到罽賓國。依槃頭達多法師。習小乘經論。十二歲。其母攜還。至月氏北山。有羅漢見而異之。謂其母曰。此子當善守之。如過三十五歲不毀戒。度人當不減優波毱多。（天竺第四祖）若破戒。祇爲才明儁藝法師而已。博通四圍陀典。五明諸論。陰陽星算等術。莫不窮微盡奧。又從須利耶蘇摩咨稟大乘。乃知從前學小乘之非。於是傳習大乘。廣求要義。復到罽賓。爲其師槃頭達多具說一乘妙理。達多感悟。反禮爲師。什師不敢受。其師曰。我是汝小乘師。汝是我大乘師。受禮何妨。及還龜茲。名震諸國。其母知龜茲運衰。辭往天竺。進證三果。臨行謂什曰。方等深教。當闡秦都。但於自身少有不利。奈何。什曰。菩薩之道。利物亡軀。大化得行。雖當鑪鑊無恨。乃留龜茲。止新王寺。後為大秦請入華夏。一生所譯。咸共流通。

昔道宣律師。問天人陸玄暢。什師所譯經論。何以迄今受持轉盛。答曰。此師七佛以來。為譯經法師。以悟達為先。得佛遺寄之意。什師臨終自誓。若所譯經論。不違佛旨。當使焚身。舌根不壞。迨火化後。果然一舌獨存。此師之舌。當與六方諸佛。廣長舌相同。其所譯此經。自應可信也。二譯經法師講竟。

三解經大師

清。西有沙門。蕅益智旭解。

清是朝號。滿人入主中國。國號大清。大師生於清朝。俗姓鍾。字振之。名際明。又名聲。始祖由汴梁南渡。世居古吳。母金氏。父岐仲公。持大悲咒十年。夢大士送子。遂生師。七歲即茹素。十二歲就外傳。聞聖學。即以千古自任。誓滅佛老二教。開葷酒。作論數十篇。闢異端。至十七歲。閱自知錄序。及竹窗隨筆。乃不謗佛。取所著論焚之。二十歲註論語。大悟孔顏心法。是冬喪父。聞地藏菩薩本願。發出世心。二十二歲。專志念佛。焚窗稿二千餘篇。二十三歲。聽楞嚴經。二十四歲。一月中三夢憨山大師。師往曹溪。不能往從。乃從憨山大師門人。雪嶺師出家。命名智旭。二十五歲。住徑山悟道。二十六歲。受菩薩戒。二十八歲。母病篤。四刲肱不救。悲痛無限。喪葬盡禮。誓往深山。掩關脩道。關中大病。乃以參禪工夫。求生淨土。三十歲出關。始述毗尼事義集要。三十二歲。方究心台宗。三十七歲後。宏化諸方。著述各種經論疏解。計四十八種。約三百餘卷。五十七歲。圓寂於靈峯。越三年。門人開龕荼毗。見趺坐巍然。髮長覆耳。面貌如生。火化後。牙齒俱不壞。與羅什法師舌相不壞同一徵。信大師生前遺囑。荼毗後將靈骨研砞和麪為餅餌。散放山水之中。以結衆生之緣。後衆門人不敢從粉骴遺囑。遂奉骨塔於靈峯大殿之右。

西有。是大師之別號。此號根據本經佛告舍利弗。從是西方過十萬億佛土有世界名曰極樂。（此告以依報實有）其土有佛號阿彌陀今現在說法。（此告以正報實有）即是西方依正二報。皆是實有。故號西有。並非寓言。亦非理想。因無人知。故佛舉告舍利弗。實有西方極樂之依正。不可偏理而廢事也。

沙門。為印度出家修道者之通稱。譯云勤息。謂勤脩戒定慧。息滅貪瞋癡。又曰識心達本源。故號為沙門。此二字實不易稱。○沙門有四種分別。一勝道沙門。三乘聖衆脩證道果者。二說道沙門。代佛宏化說法利生者。三活道沙門。持戒脩身以道自活者。四汚道沙門。破戒比丘玷汚佛門者。藕公是前三種沙門。

蕅益。乃是大師精修淨業之號。蕅爲蓮之因。由蕅而生荷。開華。結蓮。蓮即蕅之果。意以種蕅有得蓮之益。而念佛之人。一心念佛。自有往生九品蓮華。橫超三界。直趣菩提之益。

智旭。是大師法諱。旭爲淸晨東昇之日。其師以其智慧。譬如東昇之日。能破大夜之昏。光明徧照也。

解。即解釋。將本經重要之義理。綱要之心宗。一一解釋。令得顯明也。三解經大師講竟

四著解序文分二科　初序法門　二序註疏　初科又分二　初總序多門　二別顯淨宗

（序）原夫諸佛。憫念羣迷。隨機施化。雖歸元無二。而方便

多門。

(講)原夫。是起語之辭。諸佛者。諸是衆多之謂也。卽指過去現在。十方一切諸佛。佛佛道同。同以無緣之大慈同體之大悲憫念衆生。憫者哀憫。卽大悲之用。念者護念。卽大慈之用。羣迷範圍廣大。指九法界衆生之多。六凡衆生。(卽三界內六道凡夫)於本來無我。妄執此身爲實我。迷却我空之理。於本來無法。妄執心外有實法。迷却法空之理。二乘之人。(阿羅漢辟支佛)灰身泯智。趣向偏空。迷却眞空之理。權教菩薩。未悟眞如。所修不能離相。迷却圓中之理。九界之迷。雖分輕重。其爲無明所覆一也。

隨機施化者。諸佛轉八識成四智。有妙觀察智。能觀察衆生。是何種機。爲說何種法。是隨其機宜。施以教化。如觀世音菩薩。三十二應。應以何身得度。卽現何身。應以何法得度。卽說何法。

又諸佛稱爲無上醫王。能醫衆生各種心病。如醫師對症開方授藥。自可藥到病除矣。隨機施化。爲度生之唯一方法。如不淨錯施於鑪鞴。數息不利於塚人。皆不能受益。

昔有二人投佛出家。一是製鑪鞴之人。一是守塚墓之人。佛弟子授製鑪鞴者。以不淨觀工夫。授守塚墓者以數息觀工夫。二人依教脩觀。皆不得益。遂同欲還俗。佛呼而問之。汝二人何以還俗。乃將依教脩觀不得益之故。稟明於佛。佛囑不必還俗。汝二人易觀脩之。自能得道。要製鑪鞴者脩數息觀。守塚墓者作不淨觀。二人不久皆得道果。此卽隨機施化易於得益之明證也。

凡爲善知識者。應當通達大小偏圓權實頓漸一切法門。隨衆生機而爲宣說。因衆生根性不同。樂欲各異。只得俯就機宜。曲垂方便。而饒益之。是爲善知識。○若偏執一門。自是他非。排擯異己。無論法門如何。皆非善調物情廣行化導者如世專科醫師其利不溥也雖歸元無二而方便多門者諸佛說法無非指示衆生一條歸元之路元即本元眞心衆生最初一念迷情妄動乃迷眞起妄背本逐末所以流轉生死長劫不休諸佛說法示以歸元之路一歸本元無有二致惟一清淨本心而所教方便修證法門別有八萬四千故謂之多門如千徑九逵皆達王城也初總序多門講竟

二別顯淨宗分二科　初淨土橫超勝　二特顯持名勝

（序）然於一切方便之中求其至直捷至圓頓者莫若念（即心是佛即佛是心）佛求生淨土

（講）然字轉語之辭上云方便多門然於一切方便法門之中揀擇其至直捷而不紆緩至圓頓而非偏漸者莫若念佛法門求生淨土念佛法門

但持洪名六字。可以橫超三界。徑登不退。疾趣菩提。其直捷圓頓。爲何如耶。

橫超三界。帶業往生。爲淨宗特點。一切法門。皆竪出三界。不能橫超三界。竪出則難。橫超則易。今有一喻。喻如蟲生竹中。若從竹節一節一節咬穿向竹梢而出者。此喻竪出三界。何等爲難。若從竹邊咬穿一洞而出者。此喻橫超三界。何等容易。此卽直捷圓頓之譬喻也。初淨土橫超勝講竟

二特顯持名勝

(序)又於一切念佛法門之中。求其至簡易（不簡機務。）至穩當（不假方便。）者。莫若信願專持名號。

(講)念佛一門。而分四種。一實相念佛。二觀想念佛。三觀像念佛。四持名念佛。本經卽釋迦如來。教人專持名號。於四種念佛法門中。此爲至簡易。

至穩當者。

何謂簡易。但持一句佛號。何等簡單。一教便會。何等容易。不必參究。不勞觀想。與夫觀像。何等簡易。

何謂穩當。略說有三。一念佛衆生。常得彌陀光明之所照燭。常爲十方諸佛之所護念。自始至終。可以不遭魔事。二念佛之人。一生精進。臨命終時。蒙佛接引。往生淨土。可免隔胎之迷。世有修習他種法門。一生功行未圓。欲望來生。繼續再修。一經轉胎。迷却前生志願。是爲隔胎之迷。三念佛之人。只要信願行三種資糧具足。縱使一生念佛。不得開悟。亦得往生淨土。永明壽祖云。但得見彌陀。何愁不開悟。其穩當爲何如耶。

（序）是故淨土三經。並行於世。古人研究推重。獨以阿彌陀經。列爲日課。豈非有見於持名一法。普被三根。攝事理以無遺。統宗教而無外。尤為不可思議也哉。

（講）是故二字。承上起下之辭。淨土三經。佛說無量壽經。又名大阿彌陀經。觀無量壽佛經。又名十六觀經。與本經。皆為淨土法門經。雖然三經並行於世。而古人獨推重本經。列在日課。無論何宗寺廟。皆早晚二課。念佛經。行是以持名念佛。為尤要也。豈非二字。反顯古人有見於持名念佛一法。可以普被上中下三根。如一雨所滋。大根大莖。中根中莖。小根小莖。皆得蒙潤也。念佛一法。若智若愚。皆有分。是男是女。總堪修上焉者。如文殊普賢。不能踰其閫。文殊發願偈云。願我臨終時。盡除諸障礙。面見彌陀佛。往生安樂剎。普賢偈意全同。每句加二字曰。願我臨欲命終時。盡除一切諸障礙。面見彼佛阿彌陀。即得往生安樂剎。下焉者。鐵匠屠夫亦得臻其域。昔日衡州有一王打鐵者。一家四口。自己及妻兒女各一。以打鐵度日。一日不打。卽生活費無着。自怨前世不修。今世吃苦。總想修行不知修法。一日見有一位遊方僧。請入其鋪奉茶。請敎修行之法。告以窮苦。要求示以不花錢不妨工作之法。僧卽傳授持名之法。可不花錢。不妨工作。煨鐵時。將風箱一掣一聲佛號。一推一聲佛號。要打鐵時。一槌一聲佛號。併告以一生持念不輟。則臨終時阿彌陀佛接引往生其國。無有衆苦。但受諸樂。王甚喜。卽依之而修。其妻謂曰。打鐵本來辛苦。再加念佛。豈不更苦。王告其妻曰。是法極好。往日站在爐邊。覺得火熱。念佛則不熱。往日打鐵。覺得臂酸。念佛則不酸。晚間念佛亦好睡。如是益加精進。數年後。一日理髮沐浴更衣。謂其妻曰。我今天要回家去。妻曰。此不是汝家。汝家在何處。曰我家在西方。妻笑曰。汝去好了。少頃又站在爐邊煨鐵。高聲念佛。鐵煨紅取出。說偈曰。「釘釘鐺鐺。久煉成鋼。太平將近。我往西方。」一舉槌念佛一聲。敲下卽立亡。異香芬郁。面不改容。天樂鳴空。衆所共聞。當知其蒙佛接引往生極樂無疑。衡州從此人多念佛。迄今念佛之風仍盛。

昔日屠夫張善和。一生殺牛爲業。將終之時。見羣牛競來索命。乃呼其妻。請僧救度。妻請一念佛僧至。謂善和曰。汝殺業甚重。惟有念佛可救。隨我稱念南無阿彌陀佛。善和依教念佛。念不多聲。則曰牛去矣。僧云再念。復念多聲。曰佛來了。一手拈香含笑而逝。其帶業往生。自可爲證。乃至八哥念佛。亦得往生。其被機之廣可知。

攝事理以無遺者。念佛一法。有事念理念。何謂事念。以能念之心。念所念之佛。能所分明。念念無間。行住坐臥。惟此一念。更無二念。不爲內惑外境之所動亂。名得事一心○何謂理念。了知能念心外。無有佛爲我所念。所念佛外。無有心能念於佛。佛即是心。心即是佛。心佛一如。無有二相。唯是一心。寂然不動。名得理一心。故曰攝事理以無遺。

統宗教而無外者。宗乃直指向上宗乘。不落思量分別。念佛法門。專持一句佛號。綿綿密密。念去念到一心不亂。而得念佛三昧。梵語三昧。譯云正定。卽是禪定。又古德云。若人但念彌陀佛。是名無上深妙禪。此卽統宗◯教者。教相有大小偏圓。頓漸權實不等。按天台宗分藏通別圓四教。今念佛之人。以能念心。念所念佛。能所分明。不離事相。此藏教意◯念念念佛念念明了。能念所念。皆不可得。此通教意◯始從有念。念至無念。不住有無。而歸中道。此別教意◯能所情忘。有無見泯。湛然一心。常住不動。此圓教意。淨土一門。而該四教。此卽統教。故曰統宗教而無外。

尤爲不可思議者哉。尤者更也。此句對其餘三種念佛比較。持名更爲不可思議。其理深玄。言語道斷不可議。心行處滅不可思。蓮池大師云。口欲談而辭喪。心欲緣而慮亡。本經六方諸佛。各出廣長舌相。同聲讚歎。汝等衆生。當信是稱讚不可思議功德。一切諸佛所護念經。此經不可思議。卽持名念佛法門不可思議一序法門講竟。

二序註疏分二科　初序古疏　二序今疏

（序）古來註疏。代不乏人。世遠就湮。所存無幾。雲棲和尚。著爲疏鈔。廣大精微。幽溪師伯。述圓中鈔。高深洪博。葢如日月中天。有目皆覩。

（講）自古以來。彌陀經註疏。歷代不乏（少也）其人。第時世既經久遠。便就湮沒者多。而所存無有幾家。此序古疏○雲棲下序近疏。雲棲在杭州。是蓮池大師道場。師諱袾宏。字佛慧。號蓮池。杭州仁和縣人。俗姓沈。官家後代。年三十一歲。聞說萬物皆有無常一語。忽然覺悟人生亦是無常。遂發出世心。參拈花徧融禪師。笑巖寶祖。有省。大明隆慶五年。至杭之五雲山。見五色彩雲。棲於西塢。復觀山明水秀。遂結茅居焉。後以道德所感。遠近來歸。成爲叢林。名雲棲寺。文殊菩薩。化爲童子。來參大師。師見問曰。兩脚有泥。必是遠來。客童子曰。聞知蓮池水。特來洗一洗。師曰。蓮池深萬丈。不怕淹死你。童子曰。兩手攀虛空。一脚踏到底。◯今稱雲棲和尚者。不敢直呼其諱。重其人也。梵語和尚。此云力生。以有力能生弟子智慧。蕅公從其塔前受戒。故稱和尚。

著爲疏鈔者。將此經著疏解釋。恐淺智未了。復著鈔解疏。婆心特切。足見其爲法爲人之處。廣大者。文言浩瀚。精微者。義理明妙。一經要旨闡發顯了。可謂盡美矣。又盡善也。

幽溪師伯者。幽溪地名。卽天台山幽溪高明寺。傳燈大師道場。大師俗姓葉。少從映庵禪師出家。後弘揚念佛法門。每臨登座。天樂鳴空。大衆俱聞。蕅公是其姪輩。亦以地尊稱其人曰幽溪師伯。◯圓中鈔者。圓中是圓融中道之理。眞俗中三諦。圓融無礙。故名圓中。幽溪大師以圓中之理鈔釋彌陀略解。稱爲彌陀圓中鈔。略解是蘇州北禪寺。大佑法師所著。高深洪博者。讚圓中之理。是最上第一義諦。如須彌之高。是無邊無盡法界。如滄海之深。洪博卽廣大也。圓中之理包太虛。周沙界。故曰洪博蓋如日月中天。有目皆覩者。以喩二書並行於世。如日月之麗中天。凡有目者。皆能覩見兩輪並耀。光華煥發。若無目者。則日月雖明。彼亦無見意以二書利於夙根有智之者。不能及於下根無智之人。

(序)特以文富義繁。邊涯莫測。或致初機淺識。信願難階。

(講)此數語。卽著述要解之發起因緣。承上彌陀疏鈔。與圓中鈔。特以文廣爲富。義多曰繁。邊際涯畔。莫能測度。或致初機之人。依之生信發願爲難。程度不及。故曰信願難階。上序古疏講竟。

二序今解

(序)故復弗揣庸愚。再述要解。不敢與二翁競異。亦不必與二翁强同。

(講)承上發起因緣。故不揣自己庸碌無能。愚暗無智。再述要解。此大師自謙語。作者謂之聖。述者謂之賢。不敢與二翁競爭其異彩。亦不必與二翁强唱其同調也。

(序)譬如側看成峯。橫看成嶺。縱皆不盡廬山眞境。要不失爲各各親見廬山而已。

(講)此擧喻。其喻是蘇東坡遊廬山詩。詩曰。橫看成嶺側成峯。遠近高低各不同。不識廬山眞面目。只緣身在此山中。此詩有事有理。事者事相。此山橫看則成嶺。側看則成峯。遠看近看。高看低看。山勢各各不同。皆非盡見廬山全境。故曰不識廬山眞面目。只緣此身在此山之中。故不能盡見廬山眞境也後云縱然不盡廬山眞境也許各各親見廬山而已理者理性東坡爲五祖戒禪師後身乃悟道之人欲卽事以顯理故吟此詩以廬山喻理性若峯若嶺皆不離廬山喻若依若正無非唯心所成不識廬山眞面目者不識心性本來面目也只緣身在此山中者身亦在心性之中故不見心性之全體雖不見全體亦許各見心性而已楞嚴云不知色身外洎山河大地皆是妙明眞心中所現物卽法法唯心之理東坡乃卽事顯理以詩說法也

藕公引此詩喻彌陀經疏以廬山喻彌陀經以峯嶺喻疏解或談理高遠或解釋淺近總是闡揚此經之理性縱使不能將全體和盤托出亦許親見佛理不失佛意也四著解序文講竟

五解經玄義分五科　初釋名　二辨體　三明宗　四顯用　五教相　玄義卽經中玄妙之義乃一經之綱要先行提挈在前發揮明了

至後經中餘義易於領會。天台宗解經。總以五重玄義在前。賢首宗解經。則用十門分別居先。此乃二宗解經之家法也。

初釋名

(解)第一釋名。此經以能說所說人為名。

(講)第一重玄義。卽解釋此經之名。佛說阿彌陀經。此題卽前七種立題中單人立題也。以能說所說娑婆極樂兩土果人為名。釋迦彌陀皆是究竟極果大覺悟之人也。

(解)佛者。此土能說之教主。卽釋迦牟尼。乘大悲願力。生五濁惡世。以先覺覺後覺。無法不知。無法不見者也。(自覺覺他。覺行圓滿)

(講)此土指吾人所住娑婆世界。以釋迦牟尼(解見在前)佛。為能說教利生之主也。乘大悲願力。生五濁惡世者。諸佛雖大悲平等。而我佛偏憫極苦眾生。故發願生此娑婆。五濁惡世。示現成佛。以先覺下三句。即成就佛道之義。前云必要三覺圓滿。方得稱佛。

以先覺者。即自覺自己先能覺悟也。覺後覺者。即覺他覺悟其他一切衆生也。無法不知。無法不見者。即覺滿。覺行圓滿。覺至一心本源。是謂大圓滿覺。入佛知見。佛知眞知。無所不知。佛見眞見。無所不見也。

此三句。即解佛字要義。佛字乃超九界以獨尊之號。自覺超六凡法界衆生之不覺。故覺他超聲聞緣覺二乘法界不能自覺覺他。故覺滿超權實教菩薩法界。雖能自覺覺他。而覺行未曾圓滿。乃至等覺菩薩。喻如十四夜月。比之十五夜。尙差一等。故惟佛自覺覺他。覺行圓滿。是爲三覺圓。萬德具。超九界以獨尊。堪稱世尊。

（解）說者。悅所懷也。佛以度生爲懷。衆生成佛機熟。爲說

難信法。令究竟脫。故悅也。

（講）悅所懷者。乃暢悅所有懷抱。（即佛心懷抱負也。）佛惟以度生爲懷。今衆生成佛之機已熟。可以爲說念佛成佛難信之法。令得究竟脫離分段變易二種生死。故悅也。

此二節解。卽解成佛說法二事。如本經後文。佛呼舍利弗而告曰。當知我於五濁惡世。行此難事。得阿耨多羅三藐三菩提。（此成佛難）爲一切世間說此難信（持名念佛）之法。是爲甚難。（此說法難）佛說此經。能爲甚難希有之事也。

（解）阿彌陀所說。彼土之導師。以四十八願。接信願念佛衆生。生極樂世界。永階不退者也。

（講）阿彌陀是本師所說。彼西方極樂世界之導師。導是引導。化導。彌陀過去爲轉輪聖王。於世自在王佛會下。聞法出家。發四十八種大願。第一願。國中無有地獄。餓鬼。畜生三惡道。乃至第四十八願。他方菩薩。聞佛名號。卽得第一。第二。第三法忍。總之以四十八願。成就極樂依正莊嚴。接引信願念佛。衆生生彼世界。永階不退者。卽永遠登不退地。而直趣佛果也。不退有三。一位不退。趣入聖流。不退墜凡夫地。二行不退。恆常度生。不退墜二乘地。三念不退。任運增進。證入如來地。凡生極樂者。皆得三不退地。本經云。衆生生者。皆是阿鞞跋致。（卽不退轉地）故曰永階不退。非獨上品不退。乃至十念功成。帶業往生之者。亦得不退也。

（解）梵語阿彌陀。此云無量壽。亦云無量光。要之功德智慧。神通。道力。依正莊嚴。說法化度。一一無量也。

（講）梵語指印度語。劫初光音天人下降於印度。因食地肥。足不離地。留爲人種。光音天是梵天。印度人稱爲梵天苗裔。故彼土語言。稱爲梵語。阿彌陀。此云無量壽。亦云無量光。但將壽命光明二種而說。已解在前。要之彌陀功德。具有恆沙稱性功德。智慧已證一切種智。神通具足三明六通。道力。已得十力。四無所畏。十八不共諸法。依報正報。種種莊嚴。說法則轉一切法輪。化度則度一切有情。故云一一無量也。

(解)一切金口。通名為經。對上五字。是通別合為題也。教行理三。各論通別。廣如台藏所明。

(講)金口。指佛口為金口。以佛全體閻浮檀金之故。一切佛親口所說。通名為經。經字是通題。對上佛說阿彌陀五字別題。是通別合為一題。教行理三各論通別。今佛說阿彌陀經。經中所詮信願持名之教。與諸經不同。為教別。同名為經。故教通。依教所起之行。非觀想觀像二種。乃是持名之行。故行別。同歸極樂。故行通。依行所契之理。有唯心四土。一凡聖同居土。

二方便有餘土。三實報莊嚴土。四常寂光淨土。四土差別。故理別。四土不出唯心。故理通。教行理三經。其義甚廣。具如台藏所明五重玄義第一重釋名講竟。

二辨體

（解）第二辨體。大乘經。皆以實相爲正體。吾人現前一念心性不在內不在外不在中間。非過去非現在非未來。非青黃赤白長短方圓。非香非味非觸非法。（學者須如此深研。痛拶。不可。徒落在語。言作道理領。過）

第二辨體。即辨明此經所依之體。大乘經。對小乘說。乘去聲。是車乘。有運載義。法華經有羊車鹿車牛車。以譬喻大中小三乘之法。更有大白牛車譬喻最上一乘佛法。羊鹿二車。指聲聞緣覺。可從凡聖同居土。運載至方便有餘土。牛車。指大乘權教菩薩。可從前二土。運載至實報莊嚴土。大白牛車。指一乘實教菩薩。可從前三土。運載至常寂光淨土。

諸大乘經。談理深廣。故皆以一乘實相為正體。如妙法蓮華經。以實相為體。楞嚴經以如來藏為體。華嚴經以一眞法界為體。其餘不必廣舉。名異體一。如來藏。一眞法界。亦實相也。

實相者。眞實之相也。又平等一相也。實相之體。最深最關緊要。不得不詳細講明。靜心察聽。自能領會。若明實相。是為悟大乘理。

先講無相之實相。無相者。離虛妄相也。金剛經云。凡所有諸法相。皆是虛妄。有生有滅故屬虛妄 若見諸相非相。卽見如來。非相卽離相。意謂若見所有虛妄諸相。能離虛妄之相。卽見眞實之相。眞實之相。卽是法身如來。故曰卽見如來。此卽無相無虛妄相故眞實。之實相也。

次講無不相之實相。無不相者。不是沒有眞實相也。諸法雖妄。妄中有眞諸法生滅。生滅之中。有個不生滅性。凡虛妄生滅者。皆差別相。眞實不生滅者。乃平等相。此卽無不相之實相也。
如上所講二種實相。今以譬喻明之。經云。諸有智者。要以譬喻而得開悟。譬喻者。以易知之事相。譬喻難知之理性。令難知者。亦成易知也。且試舉金與金器。譬喻無相之實相。及無不相之實相。世間所有一切諸相。種種不同。如金器各有相狀不同。有生有滅。一一金器。皆可改造。所有諸相。皆虛妄不實之相。無相之實相。無字當作離字解。若離却金器。瓶環釵釧。虛妄之相。卽見金之實相。法中。若離却世間諸法。虛妄之相。卽見眞如實相故曰無相實相。○又一切金器。雖然千差萬別。於差別異相中。不是沒有平等之一相。瓶環釵釧。差別相也。眞金平等相也。眞金是一。能成無量器。無量器。不出一金。卽依金作器。器器皆金。諸器差別相上。不是沒有金之平等相。法中。卽世間諸法。差別虛妄相上。不是沒有眞如平等眞實之相。故曰無不相實相。是實相爲諸法所依之體。亦爲諸大乘經正體。

吾人現前一念心性者。此正指現前念佛之一念心性。心有靈知之用。性乃不變之體。用不離體。故合稱心性。下不在內外中間過現未來等。是教人必須深研痛揆。自有一番消息。不可徒落語言作道理領過。今當以二義釋之。一本空義。卽無相之實相。以現前一念心性。本自空寂。故不在內外中間三處。如二祖神光斷臂求法。求初祖達磨爲他安心。初祖伸手云。將心來與汝安。二祖卽時迴光返照曰。覓心了不可得。初祖云。與汝安心竟。不可得卽本空義也。

二常住義。卽無不相之實相。以現前一念心性。常住本然。不屬過現未來三際。此之心性。過去無始。未來無終。不生不滅。故三際悉皆不屬。此常住義也。無生論云。法界圓融體。（實相也）作我一念心。我今念佛心。全體卽法界。達此者。由持名念佛。而悟實相也。

非青黃赤白。長短方圓。非香非味。非觸非法者。離一切虛妄相也。如楞嚴經。空如來藏。空諸一切妄染之法是也。古人悟道云。見山不是山。見水不是水。此中卽香味觸法。而非香味觸法。且道是甚麼。試參看。

（解）覓之了不可得。不可言其無。具造百界千如。不可言其有。

此卽不落空有二邊。全歸中道。承上不在三處。不屬三際。故曰覓之了不可得。金剛經云。過去心不可得。現在心不可得。未來心不可得是也。又古德云。內外追尋。一總無。境上施爲渾大有。故曰不可言其無。此不落空邊也。

具造百界千如者。具是理具。（理中本具）造是事造。（事上造作）理卽心性不變之體。事卽心性隨緣之用。謂吾人一念心性。理中本具百界千如。喩如海水本具百浪千波也。若約隨緣之用。事上則造作百界千如。喩如水隨風緣而起百浪千波也。

喩中雖明。法中未了。何謂百界千如。吾人一念。具足十法界。四種聖人法界。一佛法界。二菩薩法界。三緣覺法界。四聲聞法界。更有六種凡夫法界。天法界。（指欲界色界無色界諸天）人法界。（四大部洲之人類）阿修羅法界。（阿修羅譯非天。與人類隔絕。所以不見。住於須彌山。及大海底。有四種阿修羅。）地獄法界。餓鬼法界。畜生法界。合爲十法界。每界各具十界。則成百界。○千如者。一界有十如是。法華經云。如是相。如是性。如是體。如是力。如是作。如是因。如是緣。如是果。如是報。如是本末究竟等。百界各具十如是。則成千如。復有假名一千。正報一千。依報一千。共有三千。復有理具三千。事造三千。古人云。理具事造。兩重三千。同居一念也。不可言其有者。以百界千如。種種差別。惟一眞如。各無自體可得。故不可言其有也。此不落有邊也。

（解）離一切緣慮分別。語言文字相。而緣慮分別。語言文字相。非離此別有自性。

（講）上二句言性離妄相。下三句言相不離性。緣慮分別者。是心緣念慮第六意識。能分別心也。又此心能攀緣塵境。思慮分別也。此心有明了意識。獨頭意識。二種差別。明了意識。同前五識。俱時而起。緣五塵境界。又名五俱意識。獨頭意識緣法塵獨影境。即前五塵落卸影子。（是明了意識所緣前五塵之境。落在意地之中。）二種意識。俱有分別。又名妄相心。上二句即起信論所云從本以來。離言說相。離名字相。離心緣相。而緣慮分別下三句。一切諸相不能離此心性。別有自性可得。喻如水若無風。本無波相。因風波起。波相不能離水。別有波之自性也。

（解）要之離一切相。即一切法。離故無相。即故無不相。不得已強名實相。

（講）此段結成圓融中道實相妙理以要言之實相離一切諸法之相實相卽不離也一切諸法之相離約眞諦眞空說離一切幻相故爲無相之實相卽約俗諦妙有說卽一切諸法故爲無不相之實相正說眞空無相不壞俗諦卽眞不礙俗正說俗諦妙有不壞眞諦卽俗不礙眞眞俗圓融無礙無名立名不得已強名實相

（解）實相之體非寂非照而復寂而恆照照而恆寂

（講）實相之體不落二邊寂是空義照是有義非寂非照卽非空非有不落空有二邊也又寂是不變義照是隨緣義而復寂而恆照卽不變常隨緣照而常寂卽隨緣常不變也

（解）照而寂強名常寂光土寂而照強名清淨法身

（講）此四句明吾人一念心性卽是如來身土照而常寂此句重寂字寂

者不動之義。故强名常寂光土。土亦有不動義也。寂而常照。此句重照字。照有隨緣義。故强名清淨法身。身亦有隨緣義也。常寂光。是四土之一。前三土不離常寂光土。常卽法身德。常住不滅。寂卽解脫德。寂然不動。光卽般若德。光明徧照。清淨法身。有自性清淨法身。一切衆生之所同具。有離垢妙極法身。十方諸佛之所獨證。

(解)又照寂。强名法身。寂照。强名報身。

此二句。明吾人一念心性。又卽如來法報二身。法身清淨不動。故合寂義。報身光明徧照。故合照義。○問上科以法身合照。此科以法身合寂。豈不自相矛盾。答法身有隨緣無相二義。上科生土對論。法身隨緣。合是照寂光不變。應屬寂。此科法報對舉。法身無相。合是寂。報身有相。應屬照。並非前後相違。

（解）又性德寂照。名法身。修德照寂。名報身。

（講）性德屬性具之德。體如在鑛之金。修德屬修成之德。相如出鑛之金。法身本有。不假修治之功。故性德寂照名法身。報身修成。惑淨智圓方顯。故修德照寂。名報身。

（解）又修德照寂。名受用身。修德寂照。名應化身。

（講）又修德照寂。照屬智。寂屬理。用始覺智。照本覺理。照徹心源。得根本智。又名理智。又名實智。成自受用報身。依根本智。起後得智（後根本智而得）又名事智。又名權智。現他受用報身。故曰照寂。以智契理。始本合一。依法垂報。名受用身。

修德寂照。名應化身。寂照者。卽不動寂場。而遊鹿苑。仍現丈六比丘相。爲小乘弟子。說四諦法。名應化身。

(解)寂照不二。身土不二。性修不二。眞應不二。無非實相。實相無二。亦無不二。

(講)上文所舉寂照身土性修眞應理具事造悉皆不二者因不出一念心性故也。無非實相者。卽楞嚴經所云元是菩提妙淨明體(卽實相)是也。實相無二者。以實相之理。本是平等一相故曰無二。法華經云唯此一事實。餘二則非眞。亦無不二者。從理起事。事應無量。故曰亦無不二。上句約理。下句約事。

(解)是故舉體作依作正。作法作報。作自作他。乃至能說(釋迦)所說(彌陀。)能度(佛)所度(生)能信(心)所信(法。)能願(欣厭)所願(極樂。)能持(三業)所持(名號。)能生(三資糧)所生(四淨土。)能讚(釋迦諸佛)所讚(彌陀依正)無非實相正印之所印也。

(講)是故二字。承上起下之辭。承上亦無不二之故。實相舉體隨緣作十方國土之依報。作十界聖凡之正報。作法報二身。作自他諸相。乃至超略之辭。超略其他不說。但就本經而說。作能說之釋迦。作所說之彌陀。能度之佛。所度之生。能信之心念。所信之法門。能願之願樂。所願之極樂。能持之身口意三業。所持之阿彌陀佛號。能生之三種資糧。所生之四種淨土能讚之釋迦諸佛。所讚之極樂依正。無非實相正印之所印現。

此科作字。應貫下諸法。到底喻如依金作器之作字。一金能作衆器。衆器不出一金。喻實相能隨緣。而作依正等諸法。諸法無不是實相。故曰無非實相正印之所印也。

此段之理。與諸大乘經同。華嚴經云。應觀法界性。一切唯心造。楞嚴經云。諸法所生。唯心所現。法華經云。是法住法位。世間相常住。古德云。森羅及萬象。一法之所印。皆此義也。故隨拈一法。體卽法界。(實相之別名)以此而知一句彌陀名號。亦復體卽法界。此經亦復體卽法界。故以實相爲此經之正體也。五重玄義。第二辨體講竟。

三明宗

（解）第三明宗。宗是修行要徑。會體樞機。而萬行之綱領也。提綱則衆目張。挈領則襟袖至。故體後應須辨宗。

（講）第三明宗者。五重玄義。此當第三。須當顯明此經之宗旨。宗者要也。即經中所立之行。故曰宗是修行要徑。行門無量。必擇其要。古德云。念佛是修行捷徑。持名念佛。又爲徑中之徑也。

會體樞機者。體即上科所辨之正體。有謂宗即是體。體即是宗。此言不當。要知體是理。宗是行。體爲宗依之體。宗是顯體之宗。宗體不即不離。故曰宗是會體樞機。門之開閉由樞。弩之發動由機。以樞機喻宗。則宗是會體之要行也。

而萬行之綱領也。三句而字，轉語之辭。此經以信願持名爲宗。余常言持名一法，爲大總持法門，三學全該，六度具足。蓮池大師云：舉其名兮兼衆德而俱備，專乎持也統百行以無遺。故此經之宗，爲萬行之綱領。綱者網之綱也，提其綱則網中衆目自張；領者衣之領也，挈其領則衣之襟袖自至。故辨體之後，應須辨宗也。

（解）此經以信願持名，爲修行之宗要。非信不足啓願，非願不足導行，非持名妙行，不足滿所願而證所信。

（講）此經信願行（持名即淨業之行）三資糧，爲修行之宗要。三資以信爲首者，以信爲道源功德母故。又五根（信進念定慧）、十一善法（信進與慚愧無貪等三根輕安不放逸行捨及不害。）亦皆以信居先。至吾人學佛階級，信解修證，亦必以信爲入門。三資若非有信心，不足以啓（發也）願；若非有願力，不足以導（引起也）行；若非有持名妙行。（但憑六字橫超三界）不足滿所願。（往生淨土離苦得樂之願）而證明所信。即平日所信西方極樂依正莊嚴。皆爲彌陀願行之所成就。既念佛往生。親見勝境。乃證所信也。

（解）經中先陳依正。以生信。次勸發願。以導行。次示持名以徑登不退。

（講）經中佛呼舍利弗。而告之曰。西方有極樂世界。有彌陀現在說法。復廣陳行樹欄楯羅網。樓閣。寶池蓮華。天樂。金地天華。衆鳥風樹說法。皆廣陳極樂之依報世界。種種莊嚴。◯經中舍利弗。於汝意云何下。徵釋無量光無量壽。羅漢菩薩。亦復無量。衆生生者。皆得不退。一生補處菩薩甚多。皆廣陳極樂之正報主伴。種種莊嚴。廣陳依正種種莊嚴者。正欲令聞者以生信也。

次勸發願以導行者。經中佛告舍利弗。衆生聞者。應當發願。願生彼國。此卽佛勸衆生發願。導行之文。有願方能起行故也。

次示持名以徑登不退者。經中佛告舍利弗。若有善男子善女人。聞說阿彌陀佛。執持名號。卽示持名念佛之法。從一日至七日。剋期取證。而得一心不亂。臨終蒙佛接引。往生淨土。以徑登不退也。

(解)信則信自。信他。信因。信果。信事。信理。願則厭離娑婆。欣求極樂。行則執持名號。一心不亂。

(講)此總標信願行三資。能信之心。是一。所信自他因果事理不一。願則厭苦欣樂。行則但持一句佛號。求得一心不亂。卽求證念佛三昧也。

學者須從這裏死盡偷心不可草草

(解)信自者。信我現前一念之心。本非肉團。亦非緣影。指第

豎無初後。橫絕邊涯。終日隨緣。終日不變。十方虛空微塵國土。元我一念心中所現物。

六識緣塵分別影事之心

(講)信自者。以心性爲自。乃對其他一切而說。即是信我現前一念眞心以爲自也。此心本不是世人所認四大身內之肉團。亦不是世人所認緣塵分別之影事。此二種皆非眞心。世人多皆認假爲眞。及認妄爲眞。學者須從這裏好好研究一番。死盡偷心。不可草草過去。

何謂認假爲眞。世人皆認身內肉團假心。以爲自心。且試問於人曰。汝心在何處。彼必以手指其胸曰。在這裏。此即是認胸間一團肉。狀如倒掛蓮花。晝開夜合者。以爲自心也。此肉團心。是假非眞。有生必滅。終歸爛壞。非不生不滅之常住眞心。此肉團心。亦無作用。我說此言。定有許多人不信。必曰此心能知。何以說爲無用。我曰無知。不妨試驗看。若是有知。此心在人身內。未爛未壞。皆當有知。何以世人乍死。此心仍在。卽不能知。足證能知者。非此心。說有知者。非事實也。

何謂認妄爲眞。世人皆認緣塵分別影事。（第六意識）以爲自心。且試問於人曰。汝有心否。彼必答曰。誰人無心。再問曰。汝以何爲心。彼必曰。現前能緣塵境。（色聲香味觸五塵境界）種種分別者。卽我心也。此正是認妄想爲眞心。是爲不覺之凡夫。同楞嚴會上。佛問阿難。（此云慶喜佛之堂弟）曰。汝目可見。以何爲心。阿難答言。如來現今徵心所在。而我以心推窮尋逐。卽能推者。（此卽第六意識）我將爲心。佛言。咄。阿難。此非汝心。阿難白佛。此非我心。當名何等。佛言。此是前塵虛妄相想。（是現前色聲香味觸。五塵虛妄相上。所起之妄想也。）惑汝眞性。由汝無始。（最初一念。無始無明住地以來。）至於今生。認賊爲子。（以喩認妄想爲眞心）失汝元常。（本元常住不生滅心）故受輪轉。此卽認妄爲眞。致受長劫生死之患。

現今信自者。卽信自己本有常住眞心。不是肉團之假心。亦非緣影之妄心乃是竪窮三際無有初後（即無始無終）橫徧十方無有邊涯（涯際邊畔也）之眞心也眞心具不變隨緣二義不變常隨緣隨緣常不變喻金體不變隨緣而成衆器雖隨緣成器金體依然不變吾人眞心終日隨緣終日不變亦復如是

十方虛空微塵國土元我一念心中所現物者眞心包裹太虛周徧沙界楞嚴經云空生大覺中如海一漚發有漏微塵國皆依空所生又曰不知色身外洎山河虛空大地咸是妙明眞心中物當知空界本自心所現西方極樂世界亦自心所現

（解）我雖昏迷倒惑苟一念回心決定得生自心本具極樂更無疑慮是名信自（以心性爲自）

（講）眞心本來廣大周徧我等雖然在迷此心不失昏謂昏於無明迷謂

迷卻眞俗中三諦。起種種顛倒。五住地惑。依惑造業。依業受苦。輪轉不休。苟能一念囘心者。囘昏迷倒惑之心。專持佛名。橫超三界。持至事一心不亂。決定得生自心本具極樂凡聖同居方便有餘二種淨土。持至理一心不亂。決定得生自心本具極樂實報莊嚴常寂光二種淨土。更無絲毫疑慮。是名信自。卽信唯心之淨土也。

(解)信他者。信釋迦如來決無誑語。彌陀世尊決無虛願。六方諸佛廣長舌決無二言。隨順諸佛眞實教誨。決志求生。更無疑惑。是名信他。(以敎爲他)

(講)信他者。以敎(卽此經)爲他。信釋迦無誑語。佛具五語。眞語者。實語者。如語(如理而說)者。不誑語(不欺誑)者。不異語(同過去佛所說)者。彌陀無虛願。四十八願。願願圓滿。方成正覺。果後一定不違本願。六方諸佛廣長舌相。乃因中不妄語所感之果相無二。言者。卽諸佛異口同音。故無二言。隨順諸佛眞實教誨者。卽依諸佛所說。汝等衆生當信是稱讚不可思議功德一切諸佛所護念經。決志求生淨土。更無疑惑。是名信他。

(解)信因者。深信散亂稱名。猶爲成佛種子。況一心不亂。安得不生淨土。是名信因。以念佛爲因

(講)信因者。以念佛爲因。法華經云。若人散亂心。入於塔廟中。一稱南無佛。皆共成佛道。故曰猶爲成佛種子。又佛世一老人。投佛出家。舍利弗以慧眼觀察其人八萬劫來。毫無善根。不度出家。老人聞言自悲障重。放聲大哭。佛呼而問何故。老人卽以尊者之言。奉白於佛。佛飭舍利弗度其出家。舍利弗言。佛前諭囑。無有善根之人。勿許出家。此人八萬劫來。毫無善根。佛何以許度出家。佛云。此人八萬劫前。爲樵夫在山採薪。見一虎來。卽

攀上樹以避之虎過念南無佛一聲即此念佛善根今已成熟可度出家後得阿羅漢果散心稱名尚然反顯念佛一心不亂安得不生淨土况字即反顯義是名信因

(解)信果者深信淨土諸善聚會皆從念佛三昧得生如種瓜得瓜種豆得豆亦如影必隨形響必應聲決無虛棄是名信果

以已生者爲果

(講)信果者以往生爲果深信淨土諸上善人俱會一處皆從念佛三昧眞因而得往生實果文中四種譬喻二喻依因感果二喻果不離因決無虛棄者有念佛之因必得往生之果決定功無虛棄但肯念佛必得往生是名信果

(解)信事者深信只今現前一念不可盡故依心所現十

方世界亦不可盡。實有極樂國在十萬億土外。最極清淨莊嚴。不同莊生寓言。是名信事。以境為事

（講）信事者。以境為事。境由心現。深信心無盡。故依心所現之境亦無盡。實有極樂世界在此土之西。最極清淨莊嚴。雖云過十萬億佛土。亦非心外。○不同莊生寓言者。寓是寄寓。又託也。寄託之言。雖有其名。實無其事。如莊子姓莊名周南華經云。有人名混沌。生而無七竅。人憐而鑿之。七竅有而混沌死。有其名而無其人。故為寓言。佛說西方極樂世界。是實有。非寓言。亦非理想。故曰信事。

（解）信理者。深信十萬億土。實不出我今現前介爾一念心外。以吾現前一念心性。實無外故。

（講）信理者。以法界即實相眞心為理。深信十萬億土無量事境。實實不出我

今現前介爾一念心外。介爾者。微小之謂也。以吾人現前一念心性雖然微小。體卽法界。本來廣大周徧。實無有外。喻如虛空廣大周徧虛空無外。一切世界皆在虛空之內。心性廣大周徧。心性無外。極樂卽心內之極樂。故曰不出。

(解)又深信西方依正主伴。皆吾現前一念所現影。全事卽理。全妄卽眞。全修卽性。全他卽自。我心徧。故佛心亦徧。一切衆生心性亦徧。譬如一室千燈。光光互徧。重重交攝。不相妨礙。以法界爲理是名信理。

(講)此文具四法界。一念心性。是理法界。所現極樂。是事法界。全事卽理四句。是理事無礙法界。我心徧故三句。是事事無礙法界。一室千燈一燈之光不礙衆燈之光衆燈之光不礙一燈之光卽喻事事無礙之義。

又深信西方。依報世界。正報佛生。主卽彌陀。伴卽菩薩聲聞人天。皆吾人現前。一念心性所現之影。性心如鏡。西方依正。如鏡中之影像。

全事卽理者。事依理成。事不離理。故卽理。如一切金器依金而成。器不離金。故衆器卽是眞金。○全妄卽眞者。妄依眞起。妄無自體。全體卽眞。如冰依水起。冰無自體。全冰卽水。○全修卽性者。修德屬始覺智。性德爲本覺理。依理起智。全智卽理。如依鏡有光。鏡光卽鏡。○全他卽自者。他指諸佛衆生。自卽自心。謂不獨我之正報身心。與我之依報世界。是我自心所現。卽諸佛菩薩。以及一切衆生。他之依正二報。亦卽是我自心所現。此中四句。皆是事不礙理。理不礙事。理事無礙法界。

我心偏故。下事事無礙法界。我之心性隨緣偏成西方四土事相之法。佛心。衆生心。亦隨緣偏成西方四土事相之法。心佛及衆生。是三無差別。故事與事。亦得無礙。故立一譬喻。譬如一室千燈。光光互相偏滿。重重交相攝入。一光徧多光。多光徧一光。多光攝一光。一光攝多光。光光相融不相妨礙。卽法界十玄門中。一多無礙法門。如是信者。是名信理上六種信講竟。

此下明願　此卽理之事

(解)如此信已。則娑婆卽自心所感之穢。而自心穢理。應厭離。極樂卽自心所感之淨。而自心淨理。應欣求。

(講)此明二種願。願離娑婆。願生極樂。娑婆極樂兩土穢淨。皆由自心染淨業所感。覺林菩薩偈云。應觀法界性。一切唯心造。又古德云。娑婆心險感陵谷之高深。極樂心平。致寶地之如掌。此皆卽理之事。自心所感之穢應生厭離。自心所感之淨。應生欣求。欣厭二字。卽是願。

厭字是修行基礎。若無厭離。那得欣求。如世人不厭生老病死苦。自然不會求出生死。不思修行。世人對此世界。不生厭者。皆是不覺悟也。第一不覺悟人生是苦。生老病死四大苦外。還有種種諸苦。說不能盡。身是衆苦之本。爲衆苦所集故。○第二不覺悟人生是空。任汝功名富貴。無非大夢一場。『萬貫家財帶不去。一雙空手赴幽冥』。○第三不覺悟人生無常。人生上壽不過百年。善導大師云。『任汝千般快樂。無常總是到來』。佛問弟子云。人命在幾間。一曰人命在旦夕（早晚）間。佛言子未知道。一曰人命在飯食間。佛言子未知道。一曰人命在呼吸間。佛言子知道矣。○第四不覺悟人生無我。個個都認此身爲我。處處愛我。貪着五欲。貪財爲我受用。貪色爲我娛樂。貪名爲我榮耀。貪食爲我滋養。貪睡爲我安息。不知此身四大和合。假名爲我。畢竟無我可得。果能覺悟人生苦空無常無我。深生厭離。則厭堪爲入道之門也。

（解）厭穢須捨。至究竟方無可捨。欣淨須取。至究竟方無（此即事之理）

可取。故妙宗云。取捨若極。與不取不捨。亦非異轍。

(講)前四句明有欣厭。便有取捨。厭穢者。厭娑婆濁惡之穢。欣淨者。欣極樂莊嚴之淨。欣厭二字。卽是信願行之願。既厭穢。必須願捨。既欣淨。必須願取。如何是捨。至究竟。方無可捨。必須求出娑婆。橫超三界。則永離衆苦。方是更無可捨。如何是取。至究竟。方無可取。必須求生極樂。直上九蓮。則但受諸樂。方是更無可取。以現前方便欣厭取捨。而至究竟不取不捨也。前欣厭取捨。是卽理之事。後取捨究竟。是卽事之理。

故妙宗下引證。妙宗鈔問云。至理微妙。不垢不淨。無取無捨。今立垢(指穢土)淨(指淨土)令人取捨。既乖妙理。卽非上乘。答云。取捨若極(卽究竟)與不取不捨亦非異轍。轍者車路。此中問意。乃偏理而廢事。答處乃卽事而達理。

我等發心修行。但老實念佛。求出娑婆。求生極樂。從事實上做起。最爲穩

當千萬不可執理廢事蓮池大師云著事而念能相繼不虛入品之功執理而心實未明反受落空之禍

(解)設不從事取捨但尚不取不捨卽執理廢事既廢於事理亦不圓若達全事卽理則取亦卽理捨亦卽理一取一捨無非法界故次信而明願也

(講)設使世人念佛不從事相發願捨穢取淨但重理性不取不捨此卽執理廢事亦是不離取捨何以故執理就是偏取於理廢事就是偏捨於事取捨宛然既廢於事理亦不得圓通豈是大乘理事無礙之道耶

若達全事卽理下五句謂若能了達全事卽理具大乘正信者則取亦卽理捨亦卽理一取一捨無非全體法界此文當舉喻以明之若能了達全波是水則水是水波亦是水水波雖有二名同一濕性而念佛捨穢取淨

正是起大乘正信。而發大乘宏願。故次信而明願也。

(解)言執持(行)名號。一心不亂者。名以召德。德不可思議(信則便信擬議則不堪)故。名號亦不可思議。名號不可思議故。使散稱爲佛種。執持登不退也。

(講)此正明妙行。執持名號。即是求生淨土之妙行。行深則得一心不亂。事一心不亂固難。而理一心不亂尤(更也)難。事理一心不亂詳講在後。若七日下持名是修法。不亂是成功。

名謂假名。德乃實德。名以召德者。用佛之假名。呼召佛之實德。如念阿彌陀(無量光　無量壽)佛。光壽即佛之實德。佛之實德無量。略舉光壽二者。佛德不可思議故。佛名亦不可思議。名依德立。如世間眞金貴重。故金器亦貴重。器依金成也。

名號功德不可思議。故者。蓮池大師云。舉其名兮。兼衆德而俱備。專乎持也。統百行以無遺。上二句。六字洪名。萬德具足。下二句。一心念佛。六度齊備。故曰名號功德不可思議也。

故使散稱為佛種。執持登不退者。散亂心稱佛名號。已納佛種於八識田中。時節既至。善根成熟。亦有成佛希望。念佛為成佛遠因　執持即一心執持佛號。念念相續。臨命終時。蒙佛接引往生極樂。登不退地。即位不退行不退念不退也　故曰執持登不退也。

(解)然諸經示淨土行。萬別千差。如觀像。觀想。禮拜。供養。五悔。六念等。一一行成。皆生淨土。

(講)此下校量行妙。先示諸行。然諸經中。有示淨土之行。種種不一。故曰萬別千差。觀像。即般舟三昧經。示觀像之法。觀想。即十六觀經。觀想西方依正諸法。禮拜供養。五悔。卽華嚴經。普賢行願品。十大願王。一者禮敬諸佛。二者稱讚如來。此兩願攝屬禮拜。既禮拜必恭敬稱讚也。三者廣修供養。此願屬供養。

五悔者。一懺悔。二勸請。三隨喜。四囘向。五發願。後四亦名悔者。以五者皆能悔過滅罪。故四者懺悔業障。此願屬五悔第一懺悔。五者隨喜功德。此願屬五悔第三隨喜。六者請轉法輪。七者請佛住世。此兩願攝屬五悔第二勸請。既請佛說法。必請久住世間也。八者常隨佛學。九者恆順衆生。此兩願攝屬五悔第五發願。十者普皆囘向。卽囘向衆生。同生淨土。同證眞如。同成佛道。此願屬五悔第四囘向。

六念等者。一者念佛。爲慈悲導師。二者念法。乃諸佛所師。三者念僧。是人天福田。四者念天。得長壽安樂。五者念戒。能清淨三業。六者念施。能普濟有情。此六念是十六觀經。三種衆生。當得往生之一。三種者。一慈心不殺具諸戒行。二讀誦大乘方等經典。三修行六念。回向發願等字。即等前二種。以及萬善。皆可莊嚴淨土也。奉勸念佛。必宜正助雙修。以念佛為正修。以餘行為助道。所修餘行。回向發願。亦得往生。故曰一一行成。皆生淨土。

（解）唯持名一法。收機最廣。下手最易。故釋迦慈尊。無問自說。特向大智舍利弗。拈出。可謂方便中第一方便。（行經）了義中無上了義。（敎經）圓頓中最極圓頓。（理經）故云清珠投於濁水。濁水不得不清。佛號投於亂心。亂心不得不佛也。（古人圓極語）

（講）此顯持名。先示諸行。不及持名。以持名具足事理二妙。堪稱妙行。唯者獨也。獨顯持名一種法門。收機最廣。普被三根。下手最易。但持六字。此二。乃事妙。下三為理妙。方便者。對機修法也。持名念佛。一法念念即佛。不落三乘諸行。故為第一方便。了義者。大乘顯了之義也。亦以念念即佛。不落第二義門。故為無上了義。圓頓者。圓融頓超之法也。亦以念念即佛。不落偏漸階級。故為最極圓頓。

故云下。譬喻清水珠。能清濁水。珠到水清。故云清珠投於濁水。濁水不得不清。以喻佛號能治亂心。故曰佛號投於亂心。亂心不得不佛也。

（解）信願持名。以為一乘真因。四種淨土。以為一乘妙果。舉因則果必隨之。故以信願持名為經正宗。其四種淨土之相。詳在妙宗鈔。及梵網玄義。茲不具述。俟後釋依正文中當略示耳。

（講）此結三資信願持名。即圓頓妙行以為一乘實教之真因。同居方便實報寂光四種淨土。以為一乘圓修之妙果。宗者具足因果。今舉三資之因。有因便有果。而四土之果。必隨之。故此經以信願持名為正宗。其四種淨土下。如文易知。五重玄義。第三明宗講竟。

四明力用

(解)第四明力用。此經以往生不退爲力用。

(講)先總標力用。即功能力用。達默法師以力言功。以用言德。此經以往生爲功。以不退爲德。經中云衆生生者。皆是阿鞞跋致。(譯不退轉地)不僅上三土不退。即同居土亦得圓證三不退。(釋在前)既生彼國。即是最後身。可以入補處位。疾趣菩提。

(解)往生有四土。各論九品。且略明得生四土之相。若執持名號。未斷見思。隨其或散或定。於同居土分三輩九品。

(講)此下別明力用。有往生四土。不退四義不同。四土者。一凡聖同居土。

二方便有餘土。三實報莊嚴土。四常寂光土。每土各論九品。皆以念佛之勤惰。功行之淺深。而分品位之高下。且略明得生四土之相。若執持名號。未斷見思。四句此先明凡聖同居土之相。極樂同居。與娑婆不同。娑婆此土。有六道凡夫。二種聖人。六道者。天道（有三界二十八天）人道（有四大部洲人）阿修羅道（譯非天。無天德故。有胎卵濕化四生。）地獄道（有八寒八熱等。多種不同。）餓鬼道（有三品九類）畜生道（有胎卵濕化鱗甲羽毛）後三名三惡道。阿修羅。善惡雜修。人天為善道。二聖者。一實聖。即已證三乘聖果。未入涅槃者。二權聖。即四聖法界。示現人天等道。度生者。凡聖雜居。故名凡聖同居土。極樂此土則不然。雖有凡夫。純是念佛淨業得生。非是有漏業感。但有人天。無四惡趣。亦無四空外道。魔王等天。純入正定聚。無不定聚及邪定聚。但見思煩惱未斷。且名凡夫。聖人亦有權實可知。若執持名號。是修法斷見思。即力用。未斷者。於見惑八十八使。思惑八十一品。（此見思惑。為凡夫生死之因。詳在三藏法數。）未斷。故是凡夫。雖是凡夫。橫超三界。帶業往生。能了生死。不同娑婆。定要斷盡見思。豎出三界。方了生死。也或散即名字位。或定乃觀行位。於同居土分三輩九品。(每一輩有上中下三品)此土以見思二惑分九品。方便有餘土。以塵沙惑分九品。實報寂光二土。以無明分九品。

(解)若持至事一心不亂。見思任運先落。則生方便有餘土。

(講)此明方便有餘土之相。極樂此土。與娑婆亦復不同。娑婆必須超出三界凡聖同居土外。三乘聖衆修方便道之所遊居。但離三界內生死。未斷變易生死。但斷三界內見思煩惱。未斷塵沙無明。以煩惱生死二皆有餘。故名方便有餘土。依天台宗所判。有九人生此土。藏教二乘(聲聞緣覺)人。通教三乘(聲聞緣覺權教菩薩)人。別教三賢(十位十行十回向)位。圓教十信位。皆斷見思煩惱故。○若約淨土。但出娑婆三界。不出極樂同居。極樂此土。純是大乘菩薩

經中雖云彼佛有無量無邊聲聞弟子此皆大乘阿羅漢非是定性聲聞以其但斷見思惑未斷塵沙無明故名方便有餘耳

若持至事一心不亂者此約功行見思任運先落者此約斷惑此節意義極關重要不可不明我等修持淨宗之人但求一心念佛不要求斷惑持至事一心不亂之時見思二惑任運（自然之義）先落（斷也）即水到渠成瓜熟蒂落自然而然可以橫超娑婆同居穢土而生極樂方便淨土也

如何是事一心不亂事者念佛之事相一是純一亂爲雜亂今依事相法門以能念之心專念所念之佛心口相應非同口念而心不念又非同心念而心不一也既一心繫念六字分明心不離佛佛不離心念念無閒名爲事一心一心是功用純熟不亂即三昧成就梵語三昧此云正定不亂即正定亦即念佛三昧也

（解）若至理一心不亂豁破無明一品乃至四十一品則

生實報莊嚴淨土。亦分證常寂光土。

(講)此明實報莊嚴土之相。亦名實報無障礙淨土。全性起修。稱性所感。眞實果報。色心自在。身土互現。身能現土。於一毫現寶王刹。土能現身。於微塵裏轉大法輪。稱性莊嚴。無障無礙。四十一位法身大士之所遊居。必由全性起修。而至理一心不亂。豁然大悟。破一品無明。證一分法身。方生此土。乃至破四十一品無明。位居等覺。亦屬此土。位位皆得分證常寂光淨土。

如何是理一心不亂。理者。淨宗之理性。卽達理念佛。稱性念佛是也。了知心卽是佛。佛卽是心。能念心外。無有佛爲我所念。所念佛外。無有心能念於佛。能所雙亡。心佛一致。不住有念。不落無念。若言其有。則能念之心。自體本空。所念之佛。了不可得。若言其無。能念之心。靈靈不昧。所念之佛。歷歷分明。無念而念。念即無念。唯是一心。寂然不動。是之謂理一心不亂也。

（解）若無明斷盡。則是上上實報。究竟寂光也。

（講）此明常寂光淨土之相。常寂光土。即如來所證三德祕藏。究竟涅槃。常即法身德。法身常住不遷故。寂即解脫德。一切塵勞永寂故。光即般若德。般若光明徧照故。三德不離一心。復本心源。究竟清淨。是證常寂光淨土。

若無明斷盡者。四十二品無明。生住異滅四相。悉皆斷盡。如起信論云。破和合識相。滅相續心相。顯現法身。則是上上實報。即實報土上上品也。究竟寂光者。即至究竟位。而證究竟無上菩提。究竟無餘涅槃。常寂光淨土也。往生四相講竟。

（解）不退有四義。一念不退。破無明顯佛性。徑生實報分證寂光。

(講)此明不退四義。本來只有三不退。今加畢竟不退。故成四義。特顯佛號功德。念佛功德。二皆不可思議也。

一念不退者。念念流入如來果海。已破無明。已顯佛性。用中道觀智。破一品根本無明。顯一分三德佛性。正因佛性理心發。顯法身德。了因佛性慧心發。顯般若德。緣因佛性善心發。顯解脫德。是謂圓發三心。圓證三德。開佛知見。徑生實報上上品。分證常寂光土。

(解)二行不退。見思既落。塵沙亦破。生方便土。進趨極果。

(講)二行不退者。度生之行。精進不退。墮二乘地也。見思我執之惑既落。而塵沙法執之惑亦破。塵沙二字從喻立名。此惑能障化道。化道多故。如塵若沙。須修假觀。此惑可破。見思既落。卽生方便有餘土。從空出假涉俗利生。常修度生之行。上求佛道。故曰進趨極果。

(解)三位不退。帶業往生。在同居土。蓮華託質。永離退緣。

(講)三位不退者。娑婆與極樂不同。此土要破我執。斷見思。證阿羅漢辟支佛果。已經成聖。不退墮凡夫地。名位不退。彼土則不然。不必一定斷惑只要一心念佛。乃至十念功成。亦得帶業往生。從此娑婆同居穢土橫超西方極樂同居淨土。於九品蓮華託質。永離退墮之緣。卽圓證三不退。此點要注意。華開見佛。以常見佛故。念念求成佛道。證念不退。永離念退緣。以常聞法故。樂修大乘之行。證行不退。永離行退緣。以常與諸上善人俱會一處。觀摩薰陶。證位不退。永離位退緣。

(解)四畢竟不退。不論至心散心。有心無心。或解不解。但彌陀名號。或六方佛名。此經名字。一經於耳。假使千萬劫後。畢竟因斯度脫。如聞塗毒鼓。遠近皆喪。食少金剛。決定不消也。

（講）四畢竟不退者。以顯佛號經名。不可思議功德。不論至心念。散心念。有心念。無心（即不存心也）念。或解義。不解義。只要佛名經名。一經歷到耳根。納入八識藏中。卽成善根種子。永遠不壞。假使過千萬劫後。善根成熟。畢竟因斯（念佛名經名）得度。如佛世一老人。八萬劫前。因畏虎扒上樹避難。虎過。念南無佛一聲。（此卽無心念佛一聲）以此善根成熟。得度。故曰因斯度脫。下立二喻。一喻普及。如聞塗毒之鼓。遠近聞者。皆要喪命。古云。欲撾塗毒鼓。須佩返魂香。二喻不壞。食少許金剛。決定不得消化也。四不退四義講竟。

（解）復次。祇帶業生。同居淨。證位不退者。皆與補處俱。亦

皆一生補佛處

（講）此判較力用。前二句指往生之人。不講上三土。祇論帶業往生同居淨土。證入位不退之者。皆與補處俱（同也）雖證位不退。亦具行念二不退。經中云衆生生者。皆是阿鞞跋致（不退轉地）其中多有一生補處。其數甚多。乃至應當發願。願生彼國。所以者何。得與如是諸上善人（補處菩薩方稱上善）俱會一處。既與俱會。必學利生之行也（具行不退）末二句亦皆一生必補佛位者。指雖生同居。卽登補處。必補佛位。念念入佛果海。（具念不退）

（解）夫上善一（根據了了）處。是生同居。卽已橫生上三土。一生補佛。是位不退。卽已圓證三不退。

（講）此段乃要解眼目。帶業往生。卽與上善俱會。一生補佛。是生同居。卽已橫生上三土。是居位不退。卽已圓證三不退。念佛法門。稱最圓頓者。卽在此也。

（解）如斯力用。乃千經萬論所未曾有。（從來未經道徹如此）較彼頓悟正因。僅爲出塵階漸。生生不退。始可期於佛階者。不可同日語（鐵案）矣。宗教之士。如何勿（不也）思。

（講）此與宗教較量。如斯力用者。卽圓證三不退之力用也。千經萬論所未曾有。此與諸教較量。從來未經道徹。卽八萬四千法門。念佛第一。較彼頓悟正因。五句此與宗門較量。溈山文云『可中頓悟正因。便是出塵階漸。生生若能不退。佛階決定可期』。頓悟正因者。揀非漸悟。及與邪因也。漸悟不易。况頓悟乎。縱使頓悟正因。佛性能入名字位中。（大開圓解）僅爲出塵階漸。若未得分證位。尚恐有退。卽使生生能得不退。由名字位入觀行相似分證之位。始可期望。趣進佛階。何如念佛。橫超娑婆三界。橫生極樂四土圓證三不退也不可同日語者比較力用不齊未可相提並論末二句誥誡之辭謂參禪學教之士爲何勿(不也)思察不及早念佛五重玄義第四明力用講竟

五明教相

(解)第五教相此大乘菩薩藏攝又是無問自說徹底大慈之所加持能令末法多障有情依斯徑登不退

(講)已知此經力用殊勝未審何爲教相教相即佛教之法相教海汪洋不出二藏一聲聞藏二菩薩藏聲聞藏佛對小乘機所說又爲半字教菩薩藏佛對大乘機所說又爲滿字教此經是菩薩藏大乘圓頓教所攝以藏通二教不聞他方佛名此經佛告舍利弗從是西方過十萬億佛土有世界名曰極樂其土有佛號阿彌陀今現在說法故非藏通二教又橫生

四種淨土。圓證三種不退。位居補處。一生成佛。亦非別教。又是無問自說。乃是十二分教中無問自說教。此經圓頓中最極圓頓。無人能問。故佛觀察時機。既至無問自說。是徹底無緣大慈之所加被攝持。特向大智舍利弗而告之。曰有西方極樂世界。有彌陀現在說法。此爲持名念佛。從出之大原。乃金口所親宣之妙法也。

能令末法多障有情者。我佛滅度之後。正法住世一千年。（亦有云五百年）像法住世一千年。末法一萬年。末法有情。三障具足。一惑障（麤細煩惱之惑）二業障（有漏無漏之業）三報障。（依惑業所感果報）既具三障。故名多障有情。佛令多障衆生。修念佛觀。求生淨土。是謂依斯（即念佛法門）徑登不退。徑是捷徑。持名念佛。是徑中徑。姑勿論念到事理一心不亂。但十念功成。皆得帶業往生。圓證三不退也。

（解）故當來經法滅盡。特留此經。住世百年。廣度含識。阿

伽陀藥。萬病總持。絕待圓融。不可思議。

（講）大無量壽佛經云。當來經法滅後。特留此經住世百年。廣度含識。經法滅時。楞嚴經首先滅。然後諸經相繼滅盡。特留佛說阿彌陀經住世一百年。凡念一徧者。皆得往生淨土。以此廣度含識。卽含靈抱識。乃有情衆生之別稱。此經滅後。祇有南無阿彌陀佛六字住世。現在虛空之中。衆生業重。雖見不肯念。有人發心念一句者。卽得往生。如地獄中能念一佛名號。卽得出離地獄。

阿伽陀藥。萬病總持者。梵語阿伽陀。此云普去。是妙藥之名。此藥能普去衆病。故稱總持。喻此經持名之法。能治衆生一切煩惱心病。三根普被。六度全該。故我常稱此經。爲大總持法門。念佛爲大總持修法

絕待圓融。不可思議者。念佛法門。何爲絕待。能念之心。心卽是佛。所念之

佛佛卽是心能所雙亡心佛一體絕諸對待圓融無礙言語道斷心行處滅不可思議

(解)華嚴(願王)奧藏法華(成佛)祕髓一切諸佛之心要菩薩萬行之司南皆不出於此矣欲廣歎述窮劫莫盡智者自當知之

(講)華嚴普賢行願品十大願王導歸極樂故此經信願持名往生淨土爲華嚴深奧之藏法華經偈云但有聞法者無一不成佛又云一稱南無佛皆共成佛道此經專示持名念佛圓證三不退必得成佛故爲法華祕密之髓

一切諸佛心要不出我現前念佛之心性菩薩萬行司南亦不出我一念心性萬行雖多以心爲主如指南鍼依此而行故稱司南皆不出此者卽

諸佛菩薩。所修所證。皆不出此經。此經體即法界。法界無盡。故歎述亦莫能盡。智者當自知之。不必廣明。五重玄義。第五明教相講竟。合大科五解經玄義講竟。

佛說阿彌陀經要解卷二

上海圓明講堂沙門韜光圓瑛講

弟子芬陀利子明暘日新錄

六正釋經解○此後入文。正釋本經要解。因本經文淺義深。蓮池大師著疏鈔。幽溪大師著圓中鈔。乃將妙義。闡發無遺。蕅公以二書文富義繁。初機淺識。莫測高深。故有要解之作。文雖簡而義仍豐。許多入理之談。亦不易領解。特於講演時。命度徒明暘筆而記之。或可為披閱要解及修淨宗者之一助也。

（解）入文分三。初序分。二正宗分。三流通分。此三名初善（解中判爾時下三十九字為別序。六方佛為流通。與古不同。故科釋之）中善後善。序如首。五官具存。正宗如身。腑臟無闕。流通如手足。運行不滯。

（講）經文之分三分。始於道安。證於親光。上古講經。隨文釋義。不分科判。迨道安法師。將經文分爲序正流通三分。衆議其非。多不肯從。後唐玄奘法師傳來親光菩薩佛地經論。亦分三分。初教起因緣分。二聖教所說分。三依教奉行分。名異義同。後人稱爲彌天高判。今古同遵。

此三名初善中善後善。下明三科之要。復舉喻顯之。序如首。五官具存者。五官爲百骸之總。觀其五官。便知此人智愚善惡。序分亦復如是。觀其序分。便知此經大小偏圓。○正宗如身。腑臟無闕者。六腑五臟。皆在身中。極關重要。正宗分亦復如是。一陳依正莊嚴以啓信。二勸應求往生以發願。三示執持名號以立行。三種資糧要義。皆在正宗分中。亦爲淨土重要之義。○流通如手足。運行不滯者。人有手足。方能運動行走。流通分亦復如是。流傳萬古。通達十方。卽流通。今後無有滯礙。故以一人。喻一經也。

（解）故智者釋法華。初一品皆爲序。後十一品半皆爲流通。又一時迹本二門。各分三段。則法師等五品。皆為迹門流通。

(講)此引證初中後三善。智者。乃天台宗祖師。名智顗。字德安。係潁川人。其母夢五色彩煙縈懷而生。師及誕。光明照室。目有重瞳。臥必合掌。坐必向西。誠非常人也。十八歲出家。日誦法華經。詣光州大蘇山。禮慧思大師。思一見曰。昔日靈山同聽法華。今復遇矣。即示普賢道場。顗於此行法華三昧。誦經至藥王菩薩本事品。是真精進。是名真法供養。寂然入定。親見靈山一會。儼然未散。得一旋陀羅尼。後立天台宗。判釋如來一代時教。為五時八教。創立三止三觀。一生宏揚法華。著三大部。享壽六十七歲。後坐脫於石城寺。

釋法華經。亦分三分。第一序品為序分。從第二方便品。至第十七分別功德品十九行偈止。爲正宗分。從後至第二十八普賢菩薩勸發品。共十一品半爲流通分。卽爲初善中善後善。

又一時下。指智者大師。先將全經二十八品分三分。又有一時。講法華經。則將迹本二門。各分序正流通三段。（即三分）法華一經。前十四品乃迹門。開權顯實。迹者。卽釋迦今生示現成佛之事。迹開三乘之權教（權巧方便而設）顯一乘之實理。○後十四品乃本門。開近顯遠。本者乃釋迦久遠早成佛道。謂之本。開如來之近壽。顯本地之遠壽。（法華如來壽量品云。我實成佛已來。無量無邊。百千萬億。那由他劫。）迹本各分三段。則法師等五品。皆爲迹門流通者。第一序品。全爲迹門序分。第二方便品。至第九授學無學人記品。共八品。爲迹門正宗分。第十法師品。至第十四安樂行品。共五品。爲迹門流通分。第十五從地湧出品前半。至彌勒菩薩已問斯事。佛今答之。汝等自當因是得聞。乃本門發起序。從爾時釋迦牟尼佛告彌勒菩薩。至第十七分別功德品止。共二品半。乃本門正宗分。從第十八隨喜功德品盡經。有十一品。皆爲本門流通分。

(解)蓋序必提一經之綱。流通則法施不壅。關係非小。後人不達。見經文稍涉義理。便判入正宗。致序及流通。僅存故套。安所稱初語亦善。後語亦善也哉。

(講)此乃寄責疏家。分科未善。蕅公對本經所分三分。與人不同。故首明三分。皆屬緊要。引法華爲證。以顯初中後善也。

甲序分爲二　乙初通序　二別序

(講)通序者。通於諸經皆具。故即六種成就。如是乃信成就。我聞乃聞成就。一時乃時成就。佛乃主成就。舍衛國乃處成就。千二百五十人乃衆成就。又名證信序。有此六種證明。方信此經乃爲佛說。又名經後序。是佛說經之後。佛臨涅槃時。阿難問佛。一切經首。當安何語。佛示云。如是我聞等。六成就者。具足六種法會。方得成就故。

別序者。別於諸經不同。故惟此經是此序。爲本經發起因緣。又名發起序。亦稱經前序。是說經之前序。述緣起也。

乙初通序分二　丙初標法會時處　二引大衆同聞　今初○標彌陀法會。科中但云時處。文具信聞時主處五成就。乃從略也。

經如是我聞。一時佛在舍衞國祇樹給孤獨園。

(解)如是標信順。我聞標師承。一時標機感。佛標教主。舍衞等標說經處也。

(講)此總標五種成就。標者表顯也。如是標信順者。阿難結集經時。大衆請云。如尊者所聞。當如是說。阿難答云。如是當說。如我所聞。故爲信順。乃表其信實。以順衆心也。佛法大海。信爲能入。故居其首。○我聞標師承者。師資一堂。面命耳提。親承金口。施教。非輾轉傳聞也。○一時標機感者時至機熟感應道交。良時嘉會。大法當宣也○佛標教主者。佛自覺已圓。然後覺他。以爲應機施教之主。○舍衞等標說法處者。舍衞是波斯匿王都城之名。此翻豐德。有謂國豐四德。多聞解脫財寶五欲。四皆豐足。余以財寶五欲。未可稱德。將豐德二字要分開說。當云國多財寶五欲之豐。人有解脫多聞之德。祇樹是祇陀太子之樹。給孤獨園是給孤獨長者金磚布地所買之園。供養佛僧。爲佛說法之處。

（解）實相妙理。古今不變。名如。依實相理。念佛求生淨土。悟此者少決定無非。曰是。

（講）此別釋如是。不變名如。無非曰是。實相妙理。乃指本經正體。實相者眞實之相也。遠離虛妄名相。故妙理者。妙性理體也。並非一切事相。故此體非古非今。不屬古今。故古今不變。名之爲如。譬喻虛空。非明非暗。不屬明暗。而明暗不能變也。

依實相理。求生淨土四句。實相妙理。並非他物。即現前一念心之自性。依此心性念佛。求生淨土。能念是實相心。所念是實相佛。能求是實相信願。所生是實相淨土。即前辨體文中所云。能信所信。能願所願。能持所持。能生所生。無非實相正印之所印也。故謂決定無非曰是。

小字批云。悟此者少。達默法師曰。眞實不多也。世人但知實相無念。而不達無所不念。又但知實相無生。而不達無所不生。今依此無所不念。故念佛無所不生。故求生也。是之謂決定無非曰是。

(解)實相非我非無我。阿難不壞假名。故仍稱我。耳根發耳識。親聆圓音。如空印空。名聞。

(講)此別釋我聞。實相無相。故非同凡夫之有我。實相無不相。故非同二一乘之無我。阿難乃隨順菩薩假我。隨順世間假名爲我。並無我見之與我慢。但不壞假名。故仍稱我。非如凡夫妄執之實我。及與外道妄計之神我也。

耳根發耳識者。耳根有浮塵勝義之分。浮塵是地水火風麤四大所成。即今兩耳人人可見。勝義是淸淨四大所成。惟天眼聖眼能見。耳識依勝義根發。當知根無分別。識有分別。不可不知。唯識云。愚者（指聲聞）難分識與根。

親聆（聽聞也）　圓音。如空印空者。謂依耳根所發之耳識。親聽如來所說圓音。佛一音具足衆音。故稱圓音。又佛音圓被衆機。經云。佛以一音演說法。衆生隨類各得解。故稱爲圓。親聆者。親耳聞佛所說。非私淑諸人也。○耳識亦第八識見分。映在六根門頭。了境聲塵。是第八識相分。見相二分不離自證分。今耳根發識。聞佛聲敎。以見分而取相分。是爲自心取自心。故云如空印空。楞嚴經云。此見（能緣見分）及緣。（所緣相分）元是菩提妙淨明體。妄爲色空及與聞見。

（解）時無實法。以師資道合。說聽周足。名一時。

（講）此別釋一時。時無實法者。以時本無實體可得。乃依色心諸法假立。亦無一定長短。一夕之夢。經歷一生。足證無實◯師資道合者。佛爲師。弟子爲資。以資之機。與師之教。機教相契。故爲道合。自始至終。說聽周足。是爲一時。

（解）自覺覺他。覺行圓滿。人天大師。名佛。

（講）此別釋佛。佛者覺也。覺有三義。自覺超六凡法界衆生之不覺。覺他超二乘法界。但求己利。而不覺他。覺行圓滿。卽自覺行滿。慧足。覺他行滿。福足。超菩薩法界。三覺圓。萬德具。證極無上菩提。福慧兩足。乃超九界以獨尊。爲人天大導師。名之爲佛。

原解略釋在字。今補之。在者住也。行住坐臥。通名爲在。應身則應機示現。所以有在。若法身。則無在無所不在也。

（解）舍衞。此云聞物。中印度大國之名。波斯匿王所都也。匿王太子名祇陀。此云戰勝。匿王大臣名須達多。此云給孤獨。給孤獨長者。布金買太子園。供佛及僧。祇陀感歎。施餘未布少地。故並名祇樹給孤獨園也。

（講）此別釋舍衞國。祇樹給孤獨園。舍衞本非國名。乃憍薩羅國之都城。因有南憍薩羅國同名。故以都城爲國號。舍衞此云聞物。因國有財寶五欲之豐。人多聞解脫之德。名聞各國。故以稱焉。爲中印度大國。波斯匿王所都也。梵語波斯匿。此云勝軍。以其軍勝諸國。故太子名祇陀。此云戰勝。適王奏凱班師。太子出世。故以字之。

給孤獨。是匿王大臣。須達多長者之善名。因長者財富無量。常周給孤兒獨夫。故稱爲給孤獨長者。布金買太子園。供佛及僧。者因須達多爲兒聘婦。至隣國王舍城。珊檀那長者家。見其種種設備。非常忙碌。因問其故。珊檀那云。明晨請佛齋僧。今預辦其供。須達多云。何者名佛。珊檀那云。淨飯王太子悉達。十九歲出家。雪山修道。至三十歲。於菩提樹下。得成佛道。具足三明六通。十力四無所畏。十八不共諸法。教化人天。有常隨弟子一千二百五十人。現在竹園精舍說法。須達多聞佛。身毛皆竪。歡喜無量。即欲見佛。睡不安枕。佛放光照之。以爲天亮。即起而行。將至佛所。天忽黑暗。疑云莫非妖邪惑我耶。遂聞空中有神告曰。汝善自前行。莫得遲緩。前行一步功德。勝過七車七寶布施。須達多信步前行。乃見佛身金色。晃耀巍巍堂堂。在竹林外經行。須達多未知見佛禮儀。天人化現一人。繞佛三匝。禮佛三拜。須達多依儀敬禮。佛爲說法。即證初果。便請世尊來年至舍衛國說法。佛云來年已受瓶沙王請。後年世尊應許。便問舍衛城外。可有淸淨園林。遠離憒鬧。能容千衆處所否。須達多云。但願世尊不棄。自當辦之。須達多回國。沿途宣告。以至本國。想自己所有園林。皆不敷用。惟有祇陀太子花園。圍一由旬。寬廣茂好。但太子必不肯賣。次日至太子所。讚佛功德。告以請佛。欲與買園之事。太子戲曰。長者財富無量。能將金磚布滿園地。即算此園爲卿所買。金磚我亦不要。長者聞言稱善。遂即辭歸。用牛車裝金磚以鋪之。太子聞報。遂異之。乃親往觀看。大生感歎。尚餘少地未布。乃與長者面商。此地不必鋪。願與長者共成供佛功德。長者不允。要獨任其事。太子曰。卿雖金磚布滿其地。樹根金磚鋪不到。樹應屬我。若砍樹鋪磚。又失園林之勝。況周圍牆垣。亦復是我。何得不允共成。長者聞說始允。祇陀施餘未布少地。及諸樹林牆垣。故稱祇樹（祇陀太子之樹）給孤獨園。（給孤獨長者之園）有經稱祇桓（林也）精舍。（長者所建精修梵行之舍）有經稱祇垣（牆也）精舍。各隨所稱。佛家有金磚布地之典。即出自須達多。初標法會時處竟

丙二引大衆同聞分三　丁初聲聞衆　二菩薩衆　三天人衆

（解）聲聞居首者。出世相故。常隨從故。佛法賴僧傳故。

（講）此別釋聽衆。有聲聞。菩薩。天人。大衆同聞。非一人獨聞。即六成就中第六衆成就也。聲聞者。聞佛四諦音聲而悟道。故得此名。有定性回心二種。即大小乘之分。定性屬小乘。所作已辦。生死已了。（謂小乘聲聞。厭苦斷集。修道證滅。所作已辦。即集諦之苦因已斷。道諦之樂因已修。生死已了。即滅諦之涅槃已證。分段之生死已了。住方便有餘土。中止化城。得少爲足。）居滅（滅諦涅槃）已休（止也）更不前進。耽着小乘涅槃之樂。不肯前趨寶所。求成佛道。是爲定性聲聞。

回心屬大乘回小乘心向大乘道出離化城涉俗利生遊戲神通淨佛國土廣修六度普度衆生同諸菩薩運智上求佛道運悲下度衆生是爲回心聲聞

三種衆中不先列菩薩以聲聞居首者其故何也一因聲聞割愛辭親出家修道剃髮染衣具出世之相故二佛成道後教化成就感佛深恩常隨從不離故三爲佛法所繫佛法二寶必賴僧寶得傳故

菩薩居中者一以菩薩有出家菩薩在家菩薩其相不定故二有此界菩薩有他方菩薩乘時利見到處化度衆生不常隨從故三聲聞欣涅槃是滯空人天樂生死是著有菩薩不住涅槃不畏生死處染若淨在俗恆眞不落空有二邊常居中道故曰表中道義故

天人列後者一三界內人天雖分同是世間有漏相故二有聖有凡有苦有樂品類雜故（天龍八部多有菩薩應世）三天人從佛聞法亦復護法爲外護職故以

是列後。

丁初聲聞衆分三　戊初明類標數　二表位歎德　三列上首名

今初

經 與大比丘僧。千二百五十人俱。

（解）大比丘。受具戒出家人也。比丘梵語含三義。一乞士。一鉢資身。無所蓄藏。專求出要。二破惡。正慧觀察。破煩惱惡。不墮愛見。三怖魔。發心受戒。羯磨成就。魔即怖也。

（講）與者同也。師資同堂。晤對。大比丘即大乘聲聞。內祕菩薩行。外現比丘身。受具足戒者。受二百五十戒。割愛辭親。出家學道人也。

又既稱大比丘。則具足戒。亦可云具足三諦戒也。眞諦戒具足。出同居家。

俗諦戒具足。出方便家。中諦戒具足。出實報家。

比丘是梵語。名含三義。故不翻。即五不翻中多含不翻也。三義者。一乞士。外向施主乞食以資身命。內向如來乞法。以資慧命。一鉢資身。即手持鉢多羅。此云應量器。即受食之器。應量大小而製。常行乞食。佛制比丘乞食資身。捨除貪慢。故行乞則折伏慠慢。無所蓄藏。則破除貪心。專求出要者。專心研求出離生死之要道也。

二破惡者。以三觀正慧。破除煩惱諸惡。小乘云破身口七支之惡。大乘自當廣指諸惡。不墮愛見者。愛即思惑。見即見惑。我執已空。見思惑盡。超出三界。不墮愛見深坑。

三怖魔者。發心受具足戒。登壇白四羯磨成就。地行夜叉。空行夜叉。天行夜叉。輾轉讚善。聲傳六天。魔聞生怖。

(解)僧者。具云僧伽。此翻和合。衆同證無爲解脫。名理和。

身同住口無諍意同悅見同解戒同修利同均名事和也。

（講）僧是略稱具足應云僧伽譯爲和合衆有理事二種和合理和者同證無爲之理解脫生死苦縛也事和者身和同住口和無諍意和同悅見和同解（見理不謬同得解悟）戒和同修利和同均天竺僧分大小乘六和亦然○又僧有五種一無恥僧毀犯禁戒者二啞羊僧不解三藏者三朋黨僧交遊族姓者四世俗僧昏昏度日者五勝義僧證果說法者此僧非前四乃第五勝義僧。

（解）千二百五十人者三迦葉師資共千人身子目連師資二百人耶舍子等五十人皆佛成道先得度脫感佛深恩常隨從也。

(講)首句舉總數。三迦葉兄弟三人。過去在迦葉佛時。共立刹竿。感爲兄弟。先爲事火婆羅門。後遇佛得度。迦葉此云龜氏。姓也。先人在山修道。感靈龜負圖而出。因是命族。三兄弟。一優樓頻螺迦葉。此云木瓜林。在此林住故。又云木瓜癃。胸前有癃狀如木瓜故。年一百二十歲。頻沙王奉爲國師。世稱大仙。師徒五百人。釋迦如來初度憍陳如等五人之後。卽思要度一位。世界有名之人。可以廣度多衆。乃以妙觀察智。觀察三迦葉機緣已熟。卽至木瓜林。借宿優樓頻螺。以道不同。拒而不納。釋迦云。天色已晚。卽指石室云。此處可否借我一宿(此是迦葉降伏火龍收藏之處)答曰。此處有毒龍。佛云無礙。迦葉卽許住之。其徒曰。必爲火龍所害。師云。彼願意。汝勿多事。佛卽往住。衆徒心均不安。恐佛必遭火難。其夜火龍吐火。佛則放三昧火。勝他龍瞋噴毒氣。佛入慈心三昧。則不受毒龍降伏。次日迦葉衆徒。往觀火龍伏於足旁。乃大異之。歸告其師迦葉云。彼道不如我道眞。意勸衆徒勿信小沙門。迦葉於是留佛少住。以禮待遇。佛爲顯神通。至第十六次。迦葉心起一念。佛卽爲說出。併謂迦葉云。汝自謂得阿羅漢果。其實未得。汝勿自高成大妄語。於是迦葉心伏。求佛度其出家。佛令與衆徒宣布。各願從佛修道。將事火之器。棄之河中。二伽耶迦葉。伽耶山名。卽象頭山。在王舍城外。依此山學道。故聞知大兄從佛出家。師徒二百五十人。亦相率從佛。三那提迦葉。那提此云河。在河邊學道。故一日見河中事火法器。隨流而下。疑二兄爲人所害。卽往探之。知二兄皆從佛出家。師徒二百五十人。亦相率歸佛。師資共一千人。身子。卽舍利弗。其母身形端正。是其所生之子。故稱身子。目連。卽目犍連。此云采菽氏。婆羅門種。二人先事沙然梵志。沙然去世。衆推二人爲師。後聞佛因緣。敎心有領悟。師徒二百人。皆從佛出家。耶舍。長者子。及同學共五十人。亦從佛出家。併初度憍陳如十力迦葉（母族二人）額鞞。跋提。俱利。（此三父之族）五人。應有一千二百五十五人。今略零數。故曰千二百五十人。

皆佛成道。先得度脫四句。此大比丘衆。皆是佛成道後。觀察機緣成熟。先得度。出三界。解脫生死。感佛度脫深恩。恆常隨從。與佛俱在一處。不離左右也。初明類標數竟

戊二　表位歎德

經　皆是大阿羅漢。之位其德爲衆所知識。

（解）阿羅漢亦含三義。一應供。卽乞士果。二殺賊。卽破惡果。三無生。卽怖魔果。復有慧解脫。俱解脫。無疑解脫。三種不同。今是無疑解脫。故名大。

（講）前比丘是修因名。此阿羅漢是得果名。因果相契。因具三義。果上亦含三義。一應供。羅漢爲世間福田。應受人天供養。卽乞士所感之果。二殺

賊。殺心中煩惱之賊。煩惱名賊者。以能傷害法身慧命。故即破惡所感之果。三無生。出分段生死。於三界內不再受生。故即怖魔所感之果。以魔樂生死。聞說受具足戒。即怖佛界增多人天減少也。

有慧解脫下。標三種羅漢。今是無疑二句。是揀大阿羅漢。慧解脫羅漢者。因中修性念處觀慧。即修四念處觀。一觀身不淨。二觀受是苦。三觀心無常。四觀法無我。觀成斷惑。證眞（眞諦理）解脫生死。能破一切智外道。◯俱解脫羅漢者。因中修共念處觀慧。謂諸禪三昧。與四念處共修。具三明八解脫。能破五通外道。◯無疑解脫羅漢者。因中修緣念處觀慧。緣念世出世法。皆悉通達。能決衆疑。能破圍陀外道（四圍陀典。是世間智書。讀之有智。）三種羅漢。修因證果。彼此不同。今經云。皆是大阿羅漢者。決定是無疑解脫。故名大也。

（解）又本是法身大士。示作聲聞。證此不思議法。故名大也。

（講）此是開迹顯本。以釋大也。又此阿羅漢。約迹則是聲聞。約本則是法身大士。法身大士是菩薩之別稱。破無明見法身大乘之士也。示作聲聞者。隱藏法身大本。示作聲聞小果。如舍利弗過去已證金龍佛位。須菩提乃是青龍陀佛。倒駕慈航。故曰示作。證此持名念佛不思議之法。故名大也。

（解）從佛轉輪。廣利人天。故爲衆所知識。

（講）上表位是阿羅漢位。此歎德是大菩薩德。從佛轉輪者。依從佛所轉之法輪。悉能代佛宏化。轉妙法輪。法以輪稱者。譬喻二義。一輪有摧碾之功。喻法能推碾衆生麤細煩惱。故二輪有運載之義。喻法能運載衆生。從凡夫地到聖人地。故既能代轉法輪。自可廣利人天之衆。爲衆所共知共識者也。聞名曰知。見面曰識。二表位歎德竟。

戊三列上首名

經 長老舍利弗。（此云身子）摩訶目犍連。（大采菽氏）摩訶迦葉。（大飲光）摩訶迦旃延。（大文飾）摩訶拘絺羅。（大膝）離婆多。（星宿）周利槃陀伽。（繼道）難陀。（喜）阿難陀。（慶喜）羅睺羅。（覆障）憍梵波提。（牛呞）賓頭盧頗羅墮。（不動利根）迦留陀夷。（黑光）摩訶劫賓那。（房宿）薄拘羅。（善容）阿㝹樓馱。（無貧）如是等諸大弟子。

（解） 德臘俱尊。故名長老。身子尊者。聲聞衆中。智慧第一。目連尊者。神通第一。飲光尊者。身有金光。傳佛心印。爲初祖頭陀行第一。文飾尊者。婆羅門種。論議第一。大膝尊者答問第一。星宿尊者無倒亂第一。繼道尊者因根鈍僅持一偈。辯才無盡義持第一。喜尊者佛之親弟儀容第一。慶喜尊者佛之堂弟復爲侍者多聞第一。覆障尊者佛之太子密行第一。牛呞尊者宿世惡口感此餘報受天供養第一。不動尊者久住世間應末世供福田第一。黑光尊者爲佛使者教化第一。房宿尊者知星宿第一。善容尊者壽命第一。無貧尊者亦佛堂弟天眼第一。此等常隨衆本法身大士示作聲聞爲影響衆今聞淨土攝受功德得第一義悉檀之益增道損生自淨佛土。復名當機衆矣。

(講)此列常隨衆上首之名長老二字貫下十六尊者非獨指舍利弗一人德臘俱尊者若德重智深是謂法性長老若臘(受戒一年爲一臘)久年高是耆年長老俱者並也德臘並尊故名長老此中多有德有臘者亦有有德而無臘者並無有臘而無德者

身子尊者已證阿羅果堪稱尊者身子乃連母爲名其母身形端正故名身是身所生之子故曰身子本經稱舍利弗舍利此云鶖鷺其母眼目伶俐如之故稱舍利弗弗卽子也又稱鶖子聲聞衆中智慧無能及者在胎已能寄辯母口八歲登座論議無雙七日之內徧達佛法故稱智慧第一亦姑顯一德耳十六尊者各有偏長非餘尊者不具智慧亦非身子不具餘德

目連尊者神通第一具云目犍連此云采菽氏先人入山修道采菽而食因是命族此族出家多人以摩訶二字揀之云大采菽氏神通者神妙莫

測。通達無礙。羅漢具六神通。一如意通。如意所往。亦名神足通。二天眼通。徹見遠近三天耳通。周聞各方四他心通。知他人心念五宿命通。能知過去未來六漏盡通。諸漏已盡。不受生死。前五天仙神鬼皆有。彼是報通。此皆修通。後一聖人方得。言第一者。如止耆婆之車。焚得勝之殿等。難以具述。

飲光尊者。身有金光。梵語摩訶迦葉。此云大飲光。由宿世為冶金師。有一貧女至塔中禮佛。見佛像金身壞了一塊。乃起一念我如有金。當為裝飾完好。發一善願。即有感應。後行乞途中。拾一金錢。即倩冶金師為其鎚薄不取工價。發心同飾佛像。自爾以來。九十一劫。身常圓滿。紫金光聚。光吞日月。故名飲光。加以大者。揀異其他迦葉也。

傳佛心印者。大梵天王問佛決疑經三卷云。梵王至靈山。以金色缽羅華獻佛。捨身為座。請佛為衆生說法。世尊登座。拈華示衆。人天百萬。悉皆罔措。獨有金色頭陀。破顏微笑。世尊云。吾有正法眼藏。涅槃妙心。實相無相今付摩訶迦葉。此即我佛傳心印於迦葉。爲初祖。迦葉復傳心印於阿難。遞代相傳。心心相印。故稱心印。

頭陀第一者。梵語頭陀。此云抖擻。以十二行。抖擻塵勞煩惱。故一住阿蘭若。(此云寂靜處)二常行乞食。三次第乞。四日中一食。五節量食。六過中(午也)不飲漿。七著糞掃衣。八但三衣。九塚間坐。十樹下宿。十一露地坐。十二但坐不臥。迦葉年老。不捨頭陀。佛憫其老。勸令休息。迦葉頭陀如故。佛讚有頭陀行。我法久存。故曰頭陀第一。此尊者未曾入滅。佛囑傳衣彌勒。在雞足山入滅盡定。以待彌勒佛出世。

文飾尊者。即摩訶迦旃延。此云大文飾。南天竺國。婆羅門種。西域四大姓一刹帝利。此云王種。(王家種族)二婆羅門。此云淨裔。(淨天苗裔淨天即梵天也)三毘舍。此云商賈。四首陀。此云農夫。婆羅門多智。尊者又復出家。聞法善解。契經阿含經云。有外道執斷見。問曰。我見人死不還。云何說其受苦。故知無他世。答曰。如罪人被囚。寧得歸否。又問若生天上。何故不歸。答曰。如人墮廁得出。寧肯更入。如是種種善論。故云論議第一。

大膝尊者。即摩訶俱絺羅。是舍利弗母舅。平日與姊論議。輒勝。自姊懷胎後。皆姊勝。知胎中必懷智人。自思弟屈於姊。尚是小事。將來舅屈於甥。豈不令人見笑。遂辭姊到南天竺國。讀四圍陀典（此云智書）發憤精進。尚無剪爪之功。世稱長爪梵志。十六年歸。欲與甥論議。問姊甥今何在。姊云先從沙然梵志學道。現從佛出家。即至佛所。索甥歸還。佛令立論。論勝則還。心中大快。即思十六年苦功。今日正好在此廣衆一顯。遂曰。論勝還甥。論屈我頭把汝斬。佛笑謂曰。汝以何爲宗。（佛欲破他。先問立宗。）答曰。不受爲宗。佛云。汝見受否。大膝一想。不好了。兩頭俱墮。說受則自宗相違。（不受爲宗故）說不受。世間相違。（世間人皆以見是受故）被佛一問。自知論屈。遂逃行不數武。心思大丈夫一言既出。何以逃走。乃返佛所。高聲曰。瞿曇取刀來斬我頭去。佛曰。我法無如是

殺人事汝既知屈可從我出家由精勤故得四無礙辯觸問能答故稱答問第一

星宿尊者父母禱星宿而生即離婆多又譯假和合釋論云夜坐空亭見一小鬼負屍而來有一大鬼追來爭之乃請尊者分判自思若依理而判必爲大鬼所害若枉理而判難免小鬼所害俱不免害乃依理判曰我見此屍是小鬼負來大鬼怒拔其手足食之小鬼取屍手足補之因此煩惱遂疑此身非我若我本身眼見鬼拔食訖若非我身云何隨我行逢人即問汝見我否僧答云本是他遺體非我有也遂悟此身假和合即得道果入定心無倒亂故云無倒亂第一

繼道尊者即周利槃陀伽周利是兄名譯大路邊槃陀伽譯繼道相繼於道路而生其母二次皆於歸家途中生子繼道隨兄從佛出家因根機愚鈍僅持一偈於一百日得前遺後得後遺前兄遣還俗哭泣不已佛憐而

教之。使誦掃帚不輟。於三七日。將一把無相掃帚。把心地見思煩惱。掃得乾乾淨淨。得阿羅漢果。具足辯才。義持第一。可見修行不怕愚鈍。只怕不肯發心。若肯發心。下愚可得上智。但誦掃帚。亦能證果。如若念佛。豈不成佛。此其證也。

喜尊者。佛之親弟。四月九日生。身黃金色。具三十相。短佛四指。故稱儀容第一。摩竭提國。有裸形外道。世稱智者。與舍利弗論議。結舌。深信佛法。有欲出家。見難陀色貌殊偉。歎曰。短小比丘。智慧難概。況堂堂者乎。遂從其出家。

慶喜尊者。佛之堂弟。是佛成道日生。淨飯王是日先得太子出家成佛之報告。又聞王弟白飯王報告生子。故字之曰慶喜。至二十歲。佛度出家。要求佛將二十年所說之法。重爲宣說。悉能記憶。迦葉云。佛法大海水。流入阿難心。故稱多聞第一。

覆障尊者。即羅睺羅。過去因塞鼠穴六日。報感在胎六年。故云覆障。是佛之子。佛與耶輸陀羅爲名字夫妻。未行欲事。何以有子。因悉達第四次出遊。見比丘僧。爲度生老病死苦。回歸向父王請願出家。淨飯王聞言流淚曰。阿私陀仙人之言應矣。次日至宮中。勸太子曰。汝若有子。當許出家。太子指耶輸陀羅腹云。他已有孕。耶輸一驚。即覺成孕。於太子出家後。六年始生。惡聲盈路。諸釋皆憤恨。請王治其罪。耶輸雖能自信。欲雪不白之冤求王設一火坑。誓言我若爲非。母子俱滅。若眞遺體。天當爲證。抱子投坑火化紅蓮。托耶輸體。母子無損。國人始信。從此息謗。後佛度羅睺出家。密行第一。

牛呞尊者。宿世惡口。感此餘報。呞者牛雖不食。恆事虛哨。憍梵波提過去世爲沙彌。見老比丘誦經。輕弄云。如牛食草。老比丘已證阿羅漢果。告云汝此言有罪。隨即懺悔。猶墮落五百世爲牛。餘報未盡。尚事虛哨。佛恐世人。覩形不知觀德。譏謗又要獲罪。於是令居天上。諸天敬奉。故受天供養第一。

不動尊者。卽賓頭盧。譯不動頗羅墮。譯利根姓也。先名後姓。昔樹提長者以鉢置刹竿上。號於衆曰。誰能現通取鉢。當以與之。尊者卽時現通取之。佛訶責不許入滅。留身世間。應末世供。爲人天福田。故稱福田第一。

黑光尊者。爲佛使者。卽迦留陀夷。身形麤黑有光。人見驚駭。佛禁夜行。因之而始。此尊者爲佛使者。摩利夫人師事焉。敎化夫婦同證道果者數滿一千。一人證果者。不知其數。故稱敎化第一。

房宿尊者。卽刼賓那。由父母禱星宿而生。房宿乃二十八宿之第四星也。能知星宿第一。

善容尊者。卽薄拘羅。毘婆尸佛時。以阿梨勒果。施一病僧。此僧已證辟支佛果。自爾九十一刼。無病無夭。又持不殺戒。感五不死報。初生現異。母以爲怪。遂欲處死。置之熬盤不死。復置釜中不死。復投水中。巨魚吞之。魚爲人獲。刀剖子現。竟無所傷。漁人養育成人。因火不能燒。湯不能煑。水不能淹。魚不能噬。刀不能傷。名五不死。顏貌端正。故曰善容。享壽一百六十歲。故稱壽命第一。

無貧尊者。卽阿㝹樓陀。楞嚴經。名阿那律陀。譯云無貧。亦云如意。由昔饑世。以稗飯施辟支佛。九十一劫。不受貧窮。得如意樂。亦佛之堂弟。聽法之時。常樂睡眠。佛卽呵云。咄咄何爲睡。螺螄蚌蛤類。一睡一千年。不聞佛名字。因聞佛呵。恐受墜落。乃自責發憤。經七晝夜。眼不交睫。精進失目。佛憐而度之。示以樂見照明金剛三昧。好樂反見。照明金剛。不壞本體。而得正定。遂得半頭天眼。告螺髻梵王云。我不因眼。觀大千界。如觀掌中菴摩羅果。（譯云難分別。似桃非桃。似柰非柰。）是爲天眼第一。如是等諸大弟子。如是指上十六尊宿。等者。等餘未列之衆。

此等常隨眾。本法身大士。示作聲聞。（解見在前）為影響眾者。或過去古佛。倒駕慈航。或法身大士隱本垂迹。或他方聖眾影響法會。助宏道化。今聞淨土攝受十方眾生不可思議功德。得第一義悉檀之益。第一義悉檀。為四悉檀之一。得入理益。所入之理。卽中道第一義諦之理○增道損生者。聞此念佛法門。悟唯心淨土。見自性彌陀。破一分無明。（無明滅少一品則為損生）證一分三德。（卽中道第一義諦之理。增證一分。卽為增道。）自淨佛土。卽淨自心之佛土。復名當機眾者。因此等常隨眾之機。與念佛之教相當。堪能得益。故稱為當機眾矣。初聲聞眾竟。

丁二菩薩眾

經幷諸菩薩摩訶薩。文殊師利（此云妙德）法王子。阿逸多（此云無能勝。彌勒菩薩之名。）菩薩。乾陀訶提（此云不休息）菩薩。常精進菩薩。與如是等諸大菩薩。

（解）菩薩摩訶薩。此云大道心成就衆生。乃智悲並運。自他兼利之稱。

（講）此釋菩薩通名。正文幷者。及也。承前文義。在會聽衆。不獨聲聞。諸菩薩亦所同聞。摩訶薩。乃菩薩中大菩薩。此云大道心成就衆生。大道心者。發大菩提（梵語菩提此翻爲道）心。即運智上求佛道也。成就衆生。乃運悲下度衆生也。故曰智悲雙運。自他兼利者。運智上求是自利。運悲下度是利他。菩薩二利兼焉。

（解）佛爲法王。文殊紹佛家業。名法王子。菩薩衆中。智慧第一。非勇猛實智。不能證解淨土法門。故居初。

（講）此釋文殊等別名。佛爲法中之王。於法而得自在。王者自在之義也。

法王有三子。菩薩是眞子。二乘是庶子。凡夫是外子。於眞子中文殊爲首。能承紹佛之家業。故名法王子。（即菩薩之別稱）菩薩衆中智慧第一者。文殊爲七佛之師。過去已成龍種尊王如來。現在北方成佛。名曰寶積。得一切種智。倒駕慈航。勇猛實智。即根本智。非此智不能證解淨土法門難信之法。故以文殊居初。

（解）彌勒當來成佛。現居等覺。以究竟嚴淨佛國爲要務。故列次。

（講）梵語彌勒。此云慈氏。姓也。本名阿逸多。此云無能勝。當來成佛。龍華三會度衆無量。現居等覺之位。在兜率天內院候補作佛。以究竟嚴淨佛國爲要務者。必以斷深惑度衆生。究竟福慧二種莊嚴淨佛國土爲要務之急。故次列。

（解）不休息者。曠劫修行。不暫停故。常精進者。自利利他。無疲倦故。

（講）曠者遠也。此菩薩。從遠劫修利他行。乃至今日不暫停息。世界無邊塵擾擾。衆生無數業茫茫。愛河無底浪滔滔。故此菩薩不休息。常精進。與不休息義同。其行亦同。上求佛道以自利。下度衆生以利他。智悲並運。常無疲倦。故名常精進。

（解）此等深位菩薩。必皆求生淨土。以不離見佛。不離聞（事是大因緣理是祕密藏不可忽過）法。不離親近供養衆僧。乃能速疾圓滿菩提故。

（講）此明菩薩等得益。深位菩薩者。位隣極聖。深證等覺。已破四十一品無明也。必皆求生淨土者。以不離三寶故。小註云。事是大因緣。理是祕密藏。不可忽過。既得不離三寶。卽是成佛大因緣。常見佛聞法。開示佛之知見。常近衆僧。同得悟入佛之知見。故云大因緣。佛知見卽三德（法身德。般若德。解脫德）祕密之藏。證入三德祕密藏中。乃能速成正覺。圓滿無上菩提。故曰不可忽過。二菩薩衆竟

丁三天人衆

經 及釋提桓因等。無量諸天大衆俱。

（解）釋提桓因。此云能爲主。卽忉利天王。等者。下等四王。上等夜摩。兜率。化樂。他化。色無色無量諸天也。大衆俱（唯廣大故微妙）謂十方天人八部。修羅人非人等。無不與會。無非淨土法門所攝之機也。通序竟

（講）此會不獨出世間聲聞菩薩。及有世間天人。釋提桓因。此云能爲主

者。能爲忉利(譯云三十三)天之主。未來成佛。號無著尊佛。迦葉佛時。有一女人。發心建塔。三十二人助成其事。感報此天。中間一天。天王所居。東西南北各八天。卽三十二人所居。爲內臣。合名三十三天。等者。下等四天王天。在須彌山半。東方持國天王。宮殿建於黃金埵。南方增長天王。宮殿建於琉璃埵。西方廣目天王。宮殿建於白銀埵。北方多聞天王。宮殿建於水晶埵。此四王統領八部鬼神。護持世間。又稱護世四王。是忉利天王外臣。上等夜摩天。(此云時分)兜率天。(此云知足)此天有內院。菩薩所居。三災不及。外院天衆所居。化樂天。(變化五欲以自娛樂)他化天。(所有欲境他天爲化)至此爲欲界六天。有男有女。未離欲故。

更等色界四禪。初禪二禪三禪各三天。四禪本天三天。外道天一天。五不還天五天。合爲十八梵天。名爲色界者。色蘊勝故。以離欲淸淨。無有女人。自然化生。又名梵天。梵者淨也。以禪定爲樂。又名四禪天。

更等無色界。四空四天。以滅色趣空。無色蘊故。名無色界。三界共成二十八天。俗云三十三天。不知但是橫論第二天之名。以爲豎論總數三十三層者。錯誤也。

無量諸天。應指大千世界。四禪以下。諸天之數無量。大衆俱（共也）者。總指在會十方天人。八部修羅。（譯云非天無天德故）人非人鬼神等。無不與會。共秉同聞。皆爲淨土法門所攝之機。旁註唯廣大故微妙者。唯法門廣大。故無機不收。能三根普被。故法門微妙也。初通序竟。

乙二別序

（解）發起序也。淨土妙門。不可思議。無人能問。佛自倡依正名字。爲發起。又佛智鑒機無謬。見此大衆。應聞淨土妙門。而獲四益。故不俟問。便自發起。如梵網經下卷自倡位號云。我今盧舍那等。智者判作發起序。例可知也。

（講）前是通序。即信聞時主處衆六種成就。證信序也。（證明此法可信）與諸部經相同。故爲通序。此爲別序。乃發起一經之由致。與諸部經各別。故名別序。又稱發起序也。法不孤起。起必有由。他經多爲弟子發起請問而說此經。乃無問自說。以淨土妙門。無人能問。法門何以稱妙。以但持六字洪名。即得三界橫超。念佛爲因。而得成佛之果。非大衆智力所能知能問。故曰不可思議。無人能問。乃自倡（宣也）依報極樂世界。正報阿彌陀佛二種名字。以爲發起也。

又佛智鑑機無謬（錯也）者。佛轉第六識爲妙觀察智。善鑒衆生之機。應以何法得度。即說何法。纖毫不錯。見此現前大衆應聞淨土妙門。而得四益。故不俟（待也）。問便自發起。四益即四悉檀之益。第一世界悉檀。得歡喜益。

聞佛說有西方極樂世界。清淨莊嚴。國中有佛。現在說法。心生歡喜。第二爲人悉檀。得生善益。聞說欲生彼國。親見彌陀。只要執持名號。卽爲多善根福德因緣。則知念佛卽能生善。第三對治悉檀。得滅惡益。依敎專修淨行。念念相續。而得滅除身口意三業之惡。第四第一義悉檀。得入理益。敎令持名念佛。念到日久功深。豁悟實相。第一義諦之理。卽得理一心不亂。是謂四悉普益也。

如梵網下引例也。梵網經下卷云。我今盧舍那。方坐蓮華臺。周匝千華上。復現千釋迦。等亦自倡位號。智者大師。判此段偈文作發起序。以彼例此。可知此文亦發起序。

經　爾時佛告長老舍利弗。從是（娑婆世界）西方過十萬億佛土。有世界名曰極樂。其土有佛。號阿彌陀。今現在說法。

(解)淨土法門。三根普攝。絕待圓融。不可思議。圓收圓超。從末道徹一切法門。甚深難信。故特告大智慧者。非第一智慧可見正智庸愚兩不不思議能直下無疑也。

(講)淨土法門。收機最廣。故能三根普攝。即圓收也上中下三根。皆可念佛。皆得往生。師子峯云。是男是女總堪修。若智若愚皆有分。又後文云。上上根不能越其閫。下下根亦能臻其域。亦卽圓超也。

絕待圓融。不可思議者。絕待卽絕諸對待。唯一無二。唯此無外也。如徹祖云。一句阿彌陀佛。具足四句宗旨。一以唯心爲宗。二以唯佛爲宗。三以絕待圓融爲宗。四以超情離見爲宗。○唯心爲宗者。全佛是心。心外無有佛爲心所念。心性豎窮橫徧。心外無有一法可得。○唯佛爲宗者。全心卽佛。佛外無有心能念於佛。佛亦豎窮橫徧。佛外亦無有少法可得。上二皆明絕待義也。

圓融乃圓通融洽。無障無礙。卽以心佛明之。心性圓滿周徧。不妨佛性亦滿亦徧。一切法性皆滿皆徧。佛性法性。圓滿周徧亦然。彼此無障無礙。此明圓融義也。○問理雖如是。事上難免生疑。既許心性圓徧。如何能許佛性諸法之性。同時圓徧耶。答此乃法界無障礙之義。不獨理與事而得無礙。（理事無礙法界）乃至事之與事。一一皆得無礙。（事事無礙法界）喻如千燈一室。各得圓徧。各各無障無礙。卽此可以斷疑。

絕待圓融。共爲一宗者。正絕待便圓融。正圓融便絕待。如台宗所云。隨舉一法。體卽法界。舉心爲法界。一切諸法。皆趣此心。舉佛爲法界。一切諸法皆趣此佛。同時絕待圓融。不前不後。如千珠寶網。一珠含九百九十九珠。九百九十九珠入一珠。珠珠皆能互含互徧。不相妨礙。

超情離見爲宗者。超凡情。離聖見也。但約絕待。已超凡情。已離聖見。若約心佛圓融。尤非凡情聖見之所能及。○問。凡情當超。聖見如何亦離。答。但有一法。當情都是法執之病。都爲淸淨心中之障礙。不得不離。喻如好眼。不容沙着其中。以沙是不好之物。能壞於眼。急當去之。若以金屑着眼。雖是貴重之物。亦能妨礙於眼。亦當去之。是爲超情離見之宗。一句彌陀名號。具此四句宗旨。非語言分別之所能及。故曰不可思議。

圓收。圓超一切法門者。釋迦如來說法四十九年。說出一切法門。不出戒定慧三學。今此淨土法門。可以三學全該。正念佛時。都攝六根。身口意三業淸淨。不犯衆戒。念到一心不亂。而得正定。了知能念之心。自體本空。所念之佛。了不可得。空觀 又了知能念之心。念念相續。所念之佛。歷歷分明。假觀 又了知佛卽是心。心卽是佛。能所情亡。空有見泯。中觀 而得三觀妙慧。是則一句阿彌陀佛。具足戒定慧三學。卽圓收一切法門也。

古德云。八萬門中。念佛第一。又云。淨土法門。爲徑中捷徑。卽圓超一切法門。旁註云。從未道徹者。卽此淨土法門。圓收圓超。一切法門。從來未經何人道徹也。

甚深難信者。卽此念佛一法。若理若事。悉皆難信。蓮池大師云。兼衆德而俱備。統百行以無遺。其理甚深。若人執持名號。是人終時心不顚倒。卽得往生阿彌陀佛極樂國土。其事亦復難信。故經云。爲一切世間說此難信之法。是爲甚難。

故特告大智慧者。非第一智慧。不能直下無疑也。此念佛法門。事是無上大因緣。理是三德祕密藏。是爲難信之法。故特告大智慧之者（人也）非第一大智慧人。不能直下承當。無所疑惑也。旁註可見正智。庸愚兩不思議者。正智之人。依智不依識。遠離分別。故不思議。庸愚之輩。昏昏度日。不知分別。亦不思議。故云兩不思議也。特告大智慧者。正以不思議法。向不思議人說也。

(解)西方者橫亙直西。標示現處也。十萬億者。十萬曰億。今積億至十萬也。佛土者。三千大千世界通爲一佛所化。且以此土言之。一須彌山。東西南北各一洲。同一日月所照。一鐵圍所繞。名一四天下。千四天下。名小千世界。千小千名中千世界。千中千名大千世界。過如此佛土十萬億之西。是極樂世界也。

(講)此正釋西方。從是娑婆世界。向西方橫亙(通也)直過。十萬億諸佛國土。彼有世界。名曰極樂。乃標彼佛示現。同居土成佛之處也。按世界剎種高二十層。每層有無量諸佛國土。娑婆與極樂。同在剎種第十三層。故得平橫通達。直至極樂。十萬億。積億至十萬也。佛土者。三千大千世界通爲一佛所化之土。

且以此娑婆世界。三千大千言之。一須彌山。東西南北各有一洲。梵語須彌。此云妙高。以四寶所成曰妙。上至忉利曰高。在一個小世界大海中心出水八萬四千由旬。此山東面有洲。名弗婆提。此云勝身。身形殊勝從人立名。人高八肘。壽命二百五十歲。西面有洲名瞿耶尼。此云牛貨。以牛爲貨。從物立名。人高十六肘。壽命五百歲。南面有洲名閻浮提。此云勝金。從樹立名。洲有此樹。樹汁入水。沙石成金。超勝餘金。人高三肘半。壽命百歲以下。北面有洲名鬱單越。此云勝處。勝三洲故。人高三十二肘。壽命一千歲。無中夭者。

同一日月所照。一鐵圍山所繞者。日月在須彌山半。四萬二千由旬之高。與四天王天齊。旋轉須彌。光照四大部洲。四洲之外。全是海水。海外有一小鐵圍山。其山純鐵。圍此四洲。是一小世界。名一四天下。上有六欲天。初禪天。一千個四天下。六欲初禪。上有二禪天。名小千世界。一千個小千世界。二禪上有三禪天。名中千世界。一千個中千世界。三禪上有四禪天。名大千世界。三次言千。是爲三千大千世界。爲一佛所化之土。過如此十萬億佛土之西。有極樂世界也。

（解）問。何故極樂在西方。答。此非善問。假使極樂在東。汝（妙答從來。答者反添戲論。）又問何故在東。豈非戲論。況自十一萬億佛土視之。又在東矣。何足致疑。

（講）此假立問答。所以破疑也。此非善問句。所答最妙。離諸戲論。下出戲論所以。即可斷疑。

（解）有世界名曰極樂。序依報國土之名也。豎約三際。以辯時劫。橫約十方。以定疆隅。故稱世界。極樂國。梵語須

摩提亦云安養安樂清泰等乃永離衆苦第一安隱之謂如下廣釋

（講）此正釋依報世界有世界名曰極樂乃釋迦自倡依報國土之名以爲發起之序依報者衆生所依止之果報土也世是遷流之義約豎論過去現在未來三際以辨時劫界是方位之義約橫說東西南北四維上下十方以定疆隅（疆界方隅）故稱世界極樂三種翻譯可知永離衆苦者佛於經中自釋云無有衆苦但受諸樂故曰永離是爲第一安隱也

（譌謬悉正）

（解）然佛土有四各分淨穢凡聖同居土五濁重者穢五濁輕者淨（西方是同居淨以凡夫例聖故）

（講）此別明淨穢然佛土有四一凡聖同居土二方便有餘土三實報莊嚴土四常寂光淨土若據此土則各分淨穢所有譌謬悉皆得正此段辨

凡聖同居土淨穢之相。凡是凡夫。聖是聖人。聖人應迹世間。與凡夫共同居處。故名凡聖同居土。五濁者。楞嚴經云。譬如清水。清潔本然。投以塵土灰沙之倫。土失留礙。水亡清潔。容貌汩然。名之爲濁。喻心水本淨。因塵勞而成濁也。○一劫濁。梵語劫波。此云時分。劫濁無別體。四濁交湊爲體。遷流不息爲相。二見濁。五利使（身邊邪見戒）爲體。諸見紛起爲相。三煩惱濁。五鈍使（貪瞋癡慢疑不正見）爲體。惱亂逼迫爲相。四衆生濁。三緣和合（父緣母緣自己業緣）爲體。色心陋劣爲相。五命濁。壽煖識三爲體。催年減壽爲相。此論娑婆世界五濁之體相也。

輕重分淨穢。如此土三途濁重。則土穢。人道濁輕。則土淨。人天比較。人道濁重。亦穢。天道濁輕。乃淨。欲界與上二界比較。欲界濁重。又穢。上二界乃淨。娑婆極樂比較。娑婆有五濁皆穢。極樂是五清乃淨。因同居土中凡夫與聖人同一例故。

（解）方便有餘土。析空拙度證入者穢。體空巧度證入者淨。（西方是方便淨。以小乘回心故）

（講）此段辨方便有餘土淨穢之相。方便者。是佛權巧方便而設。是為化城中途暫住之所。名有餘涅槃。非究竟寶所無餘涅槃也。藏教阿羅漢辟支佛所證。通教三乘。別教三賢。圓教十信。已斷見思煩惱。未破無明者。亦寄居於此。

析空拙度證入者穢。此指藏教二乘。稟析空觀智。析色入空。將四大五蘊分析此身。畢竟無我。但得我空。四大五蘊之法不空。此觀智拙。以此觀智斷見思惑。度出生死海。證入方便有餘土。為拙度證入者屬穢。

體空巧度證入者淨。此指通教三乘。稟體空觀智。體色入空。觀四大五蘊色法現前。此身當體本空。（如夢中境）非但我空。法亦如幻。本不可得。此觀智巧。

以此觀智斷見思惑。度出生死海。證入方便有餘土。爲巧度證入者屬淨。○又通別比較。通教三乘。不達中道亦穢。別教三賢以達中道故淨○又別圓比較。別教三賢不達卽中亦穢。圓教十信已伏無明。三諦圓融。所見乃淨。極樂方便土皆淨。以小乘回心故。

(解)實報無障礙土。次第三觀證入者穢。一心三觀證入者淨。西方是實報淨。以所證圓頓故

(講)此段辨實報無障礙土淨穢之相。實報者。眞實果報土。種種莊嚴無障無礙。又名實報莊嚴土。乃別教十地。等覺。妙覺。圓教初住至等覺四十一位法身大士所居。次第三觀證入者穢。此指別教所修三觀次第而入。先空。次假。後中。謂十信修析空觀。伏見思惑。十住修體空觀斷見思惑。十行修假觀。破塵沙惑。十回向修中觀。伏無明惑。初地修中觀。破一品無明。

證一分法身。始入實報土。以智不圓融。故所見土相則穢。一心三觀者。乃圓教菩薩所修觀。一念之心卽空（內外追尋一總無）卽假（境上施爲渾大有）卽中。（正自體本空。而應用無盡。雖大用現前。而性常自空。）是謂圓修三觀。此觀若成。則能圓斷三惑。圓證三德。故初發心住。卽破一品無明。卽證一分三德。而入實報土。以觀智圓。故所見土相則淨也。極樂實報土皆淨。以國中一切菩薩所脩所證。悉圓頓故。

（解）常寂光土。分證者穢。究竟滿證者淨。（西方是寂光淨。以受用同佛故。）

（講）此段辨常寂光土淨穢之相。此土乃如來所居。若約別教妙覺。於本教雖稱究竟。但斷十二品無明。與圓教二行齊。無明未盡。是爲分證者穢。究竟滿證。乃圓教妙覺。破四十二品無明。盡復本心源。究竟清淨圓滿無上菩提。是爲滿證者淨。極樂是寂光淨。以受用同佛故。

（解）今云極樂世界。正指同居淨土。亦卽橫具上三淨土（以經中是同居境。故以上善俱會故）

也。

(講)今極樂世界。稱淨土者。正指凡聖同居土一土。橫具上三淨土。以同居境淨。故眞俗圓融。不可限量。諸上善人。俱會一處。佛在同居。卽寂光淨土。菩薩在同居。卽實報淨土。聲聞在同居。卽方便淨土。

(解)小批。此論修德。不論性德。性德則一切微塵。法爾具足。四種淨穢佛土。今約信願行三。彌陀名號。不可思議。故能令凡夫所感同居。極樂最極清淨也。此則十方佛土所無。極樂同居獨擅。方是極樂淨土宗旨。下明義處皆然。

（講）此乃成時大師所批。修德是修成。性德是本具。性德卽眞心之別名。若論性德。法法唯心。隨舉一法。體卽法界。故一切微塵法爾（任運自然之義）具足四種淨穢佛土。今約能修之信願行三資糧。所修之一句彌陀名號。不可思議之眞因。以感不可思議之妙果。同居極樂。最極清淨也。此種同居淨土。十方佛土所無。極樂同居獨擅。唯一無二。方是極樂淨土宗旨。雖屬修德所成。亦是性德本具。不出性外。是謂唯心淨土也。上佛倡極樂世界之名。爲下文依報發起之序。再倡阿彌陀佛名號。爲下正報發起之序。

（解）有佛號阿彌陀。序正報教主之名也。翻譯如下廣釋。佛有三身。各論單複。法身單指所證理性。報身單指能證功德智慧。化身單指所現相好色像。法身複者。自性清淨法身。離垢妙極法身。報身複者。自受用報身。他受用報身。化身。複者。示生化身。應現化身。又佛界化身。隨類化身。

(講)此釋正報教主。有佛號阿彌陀。乃釋迦自倡正報教主之名。以爲發起之序。翻譯如下文廣釋。此處但解佛有三身。身者。積聚之義。衆生積聚業障以爲身。佛則不然。一法身。積聚理法以爲身。理法平等普徧。故法身徧一切處。二報身。積聚智慧以爲身。故報身惑淨智滿。三應身。積聚機緣以爲身。故機緣成熟。應時出世。

各論單複者。三身各皆有單有複。法身單指所證理性。卽如如理。此理生佛同具。在聖不增。在凡不減。衆生迷此而輪迴。諸佛證此而成道。報身單指能證功德智慧。卽如如智。始覺還源。惑淨智滿。以智慧爲身。化身單指所現相好色像。卽具足三十二相。八十種好。莊嚴色像。

法身復者。重也　一自性清淨法身。即衆生本源自性天眞佛。人人本具不假修成。生佛一如。此身通因徹果。二離垢妙極法身。即如來修德究竟所成佛。離五住垢。斷盡煩惱。極三智妙。證得菩提。此身唯佛果方有

報身復者。一自受用報身。即彌陀智德究竟圓滿無上菩提。斷德究竟。永離二種生死。分段生死　變易生死　得菩提覺法之樂。涅槃寂靜之樂。以自受用。故名自受用報身。二他受用報身。此從後得智又名權智　事智　所現。如來現起他受用十地菩薩所被機。二乘有眼。不見報身刹塵相好。

化身復者。一示生化身。即示現降生。八相成道之身。二應現化身。應衆生機。現勝應劣應之身。又佛界化身。現佛界之身也。隨類化身。隨九界之類。而示現其身也。上明單複三身竟。

（解）雖辯單複三身。此論性德　實非一非三。而三而一。不縱不橫。不並

別。離過絕非。不可思議。

（講）此段剷除情見。乃論性德。恐人不明理性。而生三一之情見。故破之曰。雖辨明單複三身。實際理地。究竟非一非三。又恐人執著非一非三。故又曰而三而一。上句雙遮。遣也 下句雙照。收也 合之則正雙遮時便雙照。正雙照時便雙遮。圓融中道理性。超情離見也。

不縱橫。不並別者。是三德祕密之藏。為諸佛之本源。衆生之慧命。涅槃經云云何名為祕密之藏。猶如伊字。有新舊 ∴此舊 △此新 三點若並則不成伊。縱直也 亦不成伊。別異也 亦不成伊。如摩醯首羅天面上三目。乃得成伊。佛亦如是。解脫之法。亦非涅槃。如來之身。法身 亦非涅槃。摩訶般若。亦非涅槃。三法各異。亦非涅槃。我今安住如是三法。為衆生故。名入涅槃。如世伊字。卽佛所證三德祕之藏。

按∴字。不縱（非氵）不橫。（非灬）不並（非合）不別。（非分）喻圓教不思議三德。不可說一。（非並）不可說三。（非別）而三（有三點）而一。（有細畫相連爲一）離四句之過。絕百句之非。豈思議之所能及耶。離定三思議。離定一思議。離非三非一思議。離而三而一思議。此離四句也。百非者。依根本四句（即定一。定三。非一非三。而三而一。）每句各具四句。四四十六句。約三世則有四十八句。再約已起未起則有九十六句。加根本四句。則成百句。但能離根本四句之過。百句之非。自絕。佛身離名字相。離言說相。離心緣相。如金剛經云。三十二相。卽非三十二相。是名三十二相。故曰不可思議。上辨單複三身竟。

（解）今云阿彌陀佛。正指同居土中示生化身。（此論修德。以是同居土中見故。）（以佛身隨橫四土現故。）仍復卽報卽法也。

（講）此段所云。阿彌陀佛。乃論修德。正指在同居土中。示生之化身。以是同居土見故。恐疑非法非報故。又云即報即法也。化身本不離法身依法身體。垂報化用。三身不相捨離。如摩尼珠。珠體珠光珠影不相離也。旁註隨橫四土現。即同居橫具上三土。在同居土中現也

（解）復次世界及佛皆言有者。具四義。四悉檀的標實境。令欣求故。世界悉檀誠語指示令專一故。為人悉檀簡非魔非乾城陽燄非權現曲示非邪非緣影虛妄非保真偏但破魔邪權小故。對治悉檀◯非權破華嚴合論之謬。非邪破末世積迷之習。此二料簡。尤大有關係。圓彰性具令深證故。第一義悉檀

（講）此重釋西方依正二有。世界及佛皆言有者。二俱現有。非過去非未來具四悉檀之義。悉者普也。檀者施也。以四益普施。故一的標實境令欣求故。的確標顯西方依正現在實境。令衆生心生欣慕。求生彼國。此世界悉檀。令得歡喜也。◯二誠語指示令專一故。釋迦及六方佛以誠語指示

持名念佛法門。經云說誠實言。汝等衆生。當信是稱讚不可思議功德。一切諸佛。所護念經。令得專一其心。淨念相繼。故此爲人悉檀。令得生善益。◯三簡非乾城陽燄。簡者簡別。西方依正。二皆實有。非同乾闥婆八部之一城。乃幻現曠野深山。常見倏有即無。同妖魔之氣所現。陽燄。乃田間游氣。春晴伏地可見。遠看似水。近看則無。渴鹿逐陽燄。即錯認爲水也。非權現曲示者。破華嚴合論之謬。李長者著華嚴合論。謂西方是權現曲引小根所示。故特破之。非緣影虛妄者。第六意識。是緣塵分別影事。舉體虛妄。此破末世衆生。認緣影爲眞心。謂西方依正。皆在心外。非保眞偏但者。上破邪魔。此破權小。保眞。乃藏教保眞涅槃化城也。法華經云。我今爲汝保任此事。終不虛也。偏謂藏教之偏眞。但謂別教之但中。今西方依正二有。乃圓教圓中之妙有。故非偏非但也。此對治悉檀。對破魔邪權小故。令得滅惡益。◯四圓彰性具。令深證故。即圓彰西方依正二報。乃自性本具。雖過西方十萬億剎之外。不出唯心。即無邊剎土。自他不隔於毫端。令悟唯心淨土。自性彌陀。而得深證受用。此第一義悉檀令得入理益。

(解)今現在說法者。簡上依正二有。非過去已滅。未來未（對此土釋迦不久住。彌勒未下生。無現佛可依。）成正應（平聲）發願往生。親覲聽法。速成正覺也。

(講)此釋現在說法。今即今時。非過去已滅。非未來未成。故曰現在。彼佛度生。亦以音聲而作佛事。亦不外說法也。釋迦說大雲經時。告大雲密藏菩薩言。西方世界。有國名安樂。佛號無量壽。現在說法。告一菩薩言。娑婆世界釋迦牟尼佛。今說大雲經。汝可往聽。令彼菩薩。將來至此。則正當釋迦說法時。彌陀亦在說法。彌陀壽命無量。釋迦雖滅度已久。彌陀還是現在說法。佛世難值。此土彌勒尚未下生。當來下生。未知我在何道。正應發願往生。親覲彌陀。常隨佛學。速成正覺也。

（解）復次二有。現在。勸信序也。世界名極樂。勸願序也。佛號阿彌陀。勸持名妙行序也。復次彌陀。序佛。說法。序法。現在海會（所有大衆）。序僧。佛法僧同一實相。序體（此字指一體三寶）。從此起信願行。序宗。信願行成。必得往生。見佛聞法。序用。唯一佛（是）（眞指南）界為所緣。不雜餘事。序教相。言略意周矣。初序分竟。

（講）此結出發起序之義。經中不外信願行三資糧。此先序其由致。前六句即勸信勸願勸行之序。依正二俱現在。實有非假設理想。應當深信不疑。世界名極樂。循其名則樂之極。應當切願求生。佛號阿彌陀。光壽無量。聞說應當力行念佛修行。　復次阿彌陀。序佛。說法。序法。現在海會。序僧。此合序三寶。及經中五重玄義。佛法僧是住持三寶之名。序名。住持不離實相。則佛法僧同一實相。序體從此實相之體。起信發願力行。序宗信願行三資成就。必得往生見佛聞法。橫超生死。序用唯一佛界為所緣者。惟念一佛。不念他佛。即以一句佛號為所緣之境。心不離佛。佛不離心。心中不雜餘事。序教相也。（一乘圓頓教）言雖略。（指發起序）意則五重玄義俱周。初序分竟也。

甲二正宗分三　乙初廣陳彼土依正妙果以啓（起也）信。二特勸衆生。應求往生以發願。三正示行者執持名號以立行。信願持名一經要旨。（語如山岳不可動移）（即正宗）信願為慧行。持名為行行。得生與否。全由信願之有無。品位高下。全由持名之深淺。故慧行為前導。行行為正修。如目足並運也。蕅公判此經正宗。不出信願行三科。為千古獨唱。深合佛意。無人能及。

乙初中分二　丙初依報妙　二正報妙　丙初又二　丁初徵釋

二廣釋　丁初又二　戊初徵　二釋　今初

【經】舍利弗。彼土何故名為極樂。

(講)佛自徵極樂之名。乃欲廣釋其義。令聞者生信也。

戊二釋分二　己初約能受用釋　二約所受用釋　今初

【經】其國眾生。無有眾苦。但受諸樂。故名極樂。

(解)眾生是能受用人。等覺以還。皆可名今且約人民言。以下下例上上也。淨宗不可思議在此

(講)此略明眾生。眾生者。色受想行識五陰。眾法相集而生也。外身四大假合。屬色陰。前五識領納五塵之境。為受陰。第六識攀緣六塵。憶想分別。為想陰。第七識恆審思量。念念遷流。為行陰。第八識執持根身器界種子。為識陰。具足眾法而得生。故名眾生。是能受用人。世界是所受用境。

等覺以還皆可名者。等覺。乃始覺將要圓滿。只剩一品生相無明未破。尚去佛一等。生相無明一破。即成究竟覺佛也。又等覺即一生補處菩薩。以還即從等覺以下。皆名衆生。菩薩是大道心衆生。今云極樂且約同居土人民。言以下下品。尚且如是。例知上上品。自不待言。旁註淨宗不思議在此者。同居人民。與補處菩薩。同其受用。

(解)娑婆苦樂雜。其實苦是苦苦。偪身心。故樂是壞苦。不久住。故非苦非樂是行苦。性遷流。故彼土永離三苦。不(衆苦極樂映釋)同此土對苦之樂。乃名極樂。

(講)此總論苦樂。娑婆此云堪忍。亦云能忍。此土衆生堪能忍受諸苦。故此土苦樂相雜。對文中無有衆苦。但受諸樂相反。其實苦即苦受。爲苦苦此身已是苦果。更加衆苦偪迫身心。是苦而復苦。故曰苦苦。樂即樂受。爲壞苦。此土無眞樂。雖有少分之樂。樂不久住。故曰壞苦。(如世間富貴之家。一旦失敗。即壞苦。)非苦非樂。即捨受(苦樂雙捨)爲行苦。雖然不苦不樂。難免行陰遷流。終歸變滅。故曰行苦。行是遷流不息之義。孔子在川上曰。逝者如斯乎。不捨晝夜。即借水寄嘆行陰遷流之相。

彼土永離三苦。不同此土。對苦之樂。彼土無有衆苦。故得永離三苦。苦既全無。樂即絕待。不同此土對苦之樂。樂外有苦可對。則樂非極樂。彼土絕待之樂。乃名極樂。問。樂必對苦而顯。彼土既無衆苦。何以顯樂。答。乃對娑婆極苦而顯淨土極樂。故旁註曰。衆苦極樂映釋。令知勝劣而生忻厭也。

慈雲懺主開此土彼土。修行難易十種。今以苦樂對之。一者此土有不常值佛苦。彼土但受華開見佛。常得親近之樂。二者此土有不聞說法苦。彼土但受水鳥樹林。皆宣妙法之樂。三者此土有惡友牽纏苦。彼土但受諸上善人俱會一處之樂。四者此土有羣魔惱亂苦。彼土但受諸佛護念。遠離魔事之樂。五者此土有輪迴不息苦。彼土但受橫截生死。永脫輪迴之樂。六者此土有難免三途苦。彼土但受惡道永離。名且不聞之樂。七者此土有塵緣障道苦。彼土但受受用自然不俟經營之樂。八者此土有壽命短促苦。彼土但受壽與佛同。更無限量之樂。九者此土有修行退失苦。彼土但受入正定聚。永無退轉之樂。十者此土有佛道難成苦。彼土但受一生行滿所作成辦之樂。以此十種對辯則兩土苦樂顯然。

(解)一往分別。同居五濁。輕無分段八苦。但受不病不老自在遊行。天食天衣。諸善聚會等樂。

(講)此別明苦樂。一往分別者。大略分別也。依四土明苦樂有無之相。無分段八苦者。分去聲是分限。指壽命有長短。段是形段。指身量有大小。乃此土三界內生死。名曰分段生死。彼土蓮華化生。是最後身。一生補處成佛。故無分段生死。八苦者彼土一一皆無。一無十月胎獄生苦。但受蓮華化生之樂。二無形骸衰朽老苦。但受相好圓滿之樂。三無內外諸科病苦。但受自在晏安之樂。四無四大分離死苦。但受壽命無量之樂。五無恩愛別離之苦。但受海會相聚之樂。六無怨憎會遇之苦。但受上善俱會之樂。七無所求不得之苦。但受自然如意之樂。八無五陰熾盛之苦。但受照見五蘊皆空之樂。前七是別。後一是總。五陰煩惱之火。焚燒衆生之心。熾盛火旺。須以智慧水。方能滅除煩惱火。兩土比較。苦樂懸殊。卽淨穢之所攸分也。但受不病不老四句。於諸樂中大略言之。天食天衣者。天是天然。不假經營造作。思食食來。食畢盛食之具自去。思衣衣至。隨意美妙莊嚴。應法之服。自然在身。

（解）方便體觀。巧無沉空滯寂之苦。但受遊戲神通等樂。

(講)此土方便有餘土。有藏教析空觀。拙度證入者。有通教體空觀。巧度證入者。(解見在前)皆沉滯化城。偏空寂滅之苦。彼國此土聖人。皆秉圓教觀體色卽空證入。不滯空寂卽能從眞出假。遊戲神通。淨佛國土。成熟衆生。故曰但受遊戲神通等樂。

(解)實報心觀圓。無隔別不融之苦。但受無礙不思議樂。

(講)實報無障礙土。菩薩皆秉一心三觀證入。觀智圓融之故無三觀前後隔別。三諦不融之苦。故云但受無礙不思議樂。

(解)寂光究竟等。無法身滲漏。眞常流注之苦。但受稱性圓滿究竟樂。

(講)寂光究竟等。指常寂光淨土。由始覺覺至心源。本始合一。成究竟覺佛之住處。理智不二。身(法性身)土(寂光土)一如。故無法身滲漏。眞常流注之苦。

若約別教妙覺。雖稱究竟。只破十二品無明。但齊圓教二行。尚餘三十品無明未破。法性之水。猶有滲漏流注也。彼土受用同佛。故但受稱性圓滿究竟樂。圓滿無上菩提覺法之樂。究竟無餘涅槃寂靜之樂。以上別明苦樂中。正釋四土也。

（解）然同居衆生。以持名善根福德同佛。故圓淨四土。圓受諸樂也。（方是極。樂）（淨宗）

（講）此點示妙行。執持名號。即爲妙行。以多善根多福德。故然同居土衆生。以持名念佛。正當念時。便以佛之善根爲己善根。佛之福德爲己福德。故曰善根福德同佛。此中道理。尚待辯明。經云。不可以少善根福德因緣得生彼國。則應以多善多福。乃生。下即接云。若有善男子善女人。聞說阿彌陀佛。執持名號。乃至若七日。一心不亂。即得往生。是則持名念佛。即爲多善根福德因緣也。明矣。

因是親因。如世間種子。緣是助緣。如世間水土。有因無緣不生。有緣無因亦不生。因緣具足。方能成辦。能念之心屬因。今發菩提心。精進念佛。求成佛道。名多善根。即親因也。所念之佛屬緣（以一句佛號爲所緣境）今修淨土行。一句佛號。具足萬德。名多福德。即助緣也。因緣具足。故能圓淨四土。圓受諸樂。此方是持名妙行。極樂淨宗。合上正釋四土。別明苦樂也。

（解）復次極樂最勝。不在上三土。而在同居。良以上之則十方同居遜（讓也）其殊特。下又可與此土較量。所以凡夫優入而從容。橫超而度越。佛說樂苦。意在於此。

（講）此乃指同居殊勝。極樂同居上而言之。十方佛土同居。皆要讓極樂最殊勝奇特。下而言之。又可與此土較量苦樂。此娑婆五濁惡世。是極苦世界。彼西方淨土是極樂世界。厭苦求樂。人之常情。故發心念佛求生淨土者多。萬修萬人去。故曰優入。十方往生之衆雖多。極樂仍從容不迫。如海納百川而不隘。鏡含萬象而有餘。橫超而度越者。但有聞說兩土苦樂懸殊。厭穢忻淨。念佛求生極樂。可得橫超三界。度越生死苦海。佛說無有衆苦。但受諸樂。意卽在於此。要令人深信極樂殊特。切願求生。力行念佛。而得往生受用。初約能受用釋竟。

己二約所受用釋（此亦轉釋上無有衆苦。但受諸樂之故。下廣釋一科亦然。）

經 又舍利弗。極樂國土。七重欄楯。（以嚴際畔）七重羅網（以嚴空界）七重行樹。（以嚴露地）皆是四寶。周匝圍繞。是故彼國。名爲極樂。

（解）七重表七科道品。四寶表常樂我淨四德。周匝圍繞者。佛菩薩等無量住處也。皆四寶。則自功德深周匝環

繞。則他賢聖徧。此極樂眞因緣也。（內因外緣）

（講）先總釋勝境。即極樂殊勝莊嚴之境。七重欄楯。橫曰欄。直曰楯。俗云欄杆。莊嚴界畔。羅網莊嚴空際。行樹莊嚴露地。一重行樹。一重欄楯。重重相間。而至於七。上覆以七重羅網。一一皆是金。銀。琉璃。玻瓈。四寶所成。七重四寶。亦但略言。其實重重無盡。寶寶交錯。周匝圍繞。佛菩薩住處。大本云。七寶諸樹。徧滿世界。所謂金根金莖。枝葉花果。亦皆以金。則名一寶。金根銀莖。枝葉花果。亦分金銀。則名二寶。如是三寶四寶。其寶間錯。輾轉增多。乃至七寶。

觀經云。七寶行樹。一一高八千由旬。一一花葉。作異寶色。琉璃色中。出金色光。玻瓈色中。出紅色光等。又云。妙眞珠網。彌覆樹上。一一樹有七重網。一一網間。有五百億妙華宮殿。此經文略。但言羅網。未言網間宮殿。

此中文有表法。表者顯也。即借文以顯義。借事以顯理等。七重表七科道品。三十七分。解在後文。四寶表常樂我淨四德。此土同居有凡夫四例。無常執常。非樂執樂。無我執我。不淨執淨。方便有二乘四倒。常計無常。樂計爲苦。我計無我。淨計不淨。合之二土有八倒。彼國同居人人實具四德。常者同佛無量壽故。樂者但受諸樂故。我者自在無礙故。經云常以清旦。各以衣裓。盛衆妙華。供養他方。十萬億佛。即以食時。還到本國。淨者清淨莊嚴故。皆四寶則自功德深者人具四德。則自功德深。內因勝也。周匝圍繞。則他賢聖徧外緣勝也。此即極樂眞因緣。

(解)此等莊嚴。同居土。是增上善業所感。亦圓五品觀所感。以緣生勝妙五塵爲體。

(講)此下別明四土。先明同居土因果。以善業觀行爲能感因。以緣生勝妙五塵爲所感果。極樂此土。橫具上三土。唯橫無豎。此等莊嚴者。總指同居莊嚴有二。能感因。一增上善業。即持名多善根之業。以念念即佛。乃成佛之親因緣。淨念相繼。乃等無間緣。以佛號爲所緣境。乃所緣緣。言增上者。即增上緣。總攝前三緣。有大力用。爲中道無漏善業。◯二圓五品觀。圓教觀行五品位。謂隨喜。讀誦。解說。兼行六度。正行六度。以此二者。爲能感之因。同居淨土。爲所感之果。

以緣生勝妙五塵爲體者。緣生。即因緣所生法。殊勝妙好。非同娑婆麤惡五塵也。同居之體質。亦即色聲香味觸五塵爲體也。

（解）方便淨土。是即空觀智所感。亦相似三觀所感。以妙眞諦無漏五塵爲體。

（講）此明方便土因果。以即空觀智。相似三觀。爲能感因。以妙眞諦。無漏五塵為所感果。此土因有橫竪。竪則即空觀智。非通教即有之空。乃圓教即假即中之空。橫則相似三觀。乃圓教相似位一心三觀。此二為能感因。所感方便土果。為妙真諦者。非是藏通二教之真諦。乃圓教不思議真諦。即假即中。故稱為妙。無漏五塵者。方便土亦不外五塵為體。乃中道無漏五塵也。

(解)實報淨土。是妙假觀智所感。亦分證三觀所感。以妙俗諦。無盡五塵為體。

(講)此明實報土因果。以妙假觀智。分證三觀。為能感因。以妙俗諦。無盡五塵為所感果。此土因亦有橫竪。竪則妙假觀智。非別教次第之假觀。乃圓教即空即中不思議假觀。橫則分證三觀。乃圓教分證位中一心三觀。此二為能感因。所感實報土果。為妙俗諦者。非是別教之俗諦。乃是圓教不思議俗諦。卽眞卽中。故稱爲妙。無盡五塵者。色聲香味觸。隨舉一塵。皆具一切塵。塵塵無盡。實報土亦不外五塵爲體。乃中道無盡五塵也。

（解）常寂光土。是卽中觀智所感。亦究竟三觀所感。以妙中諦稱性五塵爲體。

（講）此明常寂光土因果。以卽中觀智。究竟三觀。爲能感因。以妙中諦。稱性五塵爲所感果。此土因亦有橫豎。豎則卽中觀智。非別教次第中觀。乃圓教卽空卽假不思議中觀。此二爲能感因。所感常寂光土果。爲妙中諦者。非是別教之中諦。乃是圓教不思議中諦。卽眞卽假。故稱爲妙。稱性五塵者。色聲香味觸。稱合眞如自性。不可思議之五塵。爲常寂光土之體也。上明四土橫豎也。

（解）欲令易解。作此分別。實四土莊嚴。無非因緣法。無不此論性依此起修

即空假中。所以極樂同居淨境眞假圓融不可限量。下皆倣此。此論修全修在性如是。方是極樂淨。宗

（講）此明四土圓融。欲令易於了解。作此四土。次第分別。同居是緣生。方便是卽空。實報是妙假。寂光是卽中。此依因緣所生法。我說卽是空。亦名爲假名。亦名中道義。四句偈分之。其實四土莊嚴。無不圓融無礙。無非因緣所生法者。四土唯一同居土也。無不卽空者。四土唯一方便土也。無不卽假者。四土唯一實報土也。無不卽中者。四土唯一常寂光土也。又無不卽空者。方便土橫具上下三土。無不卽假者。實報橫具上下三土。無不卽中者。寂光橫具下三土亦然。

所以極樂同居淨境者。引此圓融之境。以證圓融之理也。此論修德所成之境。元依性德起修。故得全修在性。稱性無礙。眞俗中三諦圓融不可限

量。

極樂同居。具足四土。圓融無礙。人民表因緣所生法。同居土也。聲聞表卽空。方便土也。菩薩表卽假。實報土也。佛表卽中。常寂光土也。稱合圓融之理。成此圓融之境。卽一土具足四土。故曰不可限量。下有顯理處悉皆做此。以上別明四土竟

(解)問寂光唯理性。何得有此莊嚴。答一一莊嚴。全體理性。一一理性。具足莊嚴。方是諸佛究竟依果。若寂光不具勝妙五塵。何異偏眞法性。

(講)此假立問答。以斷偏執理性之疑。恐人不達寂光乃卽事之理。而落偏理廢事之見。前二句是問詞下答云一一三土莊嚴不在寂光之外。三土全體。是寂光理性。一一理性。本來具足無量莊嚴。事在理中。理隨事徧。

寂光亦不在三土之外。此是諸佛究竟依報之果土也。經云。諸佛住處。名常寂光。若約如來分上。全三土而成寂光。若約衆生分上。全寂光而成三土。是自業之差別。何關土有高下。又人民但見同居。不見上三土。聲聞但見同居方便。不見上二土。菩薩能見下三土。分見寂光。唯佛圓見四土。若謂寂光在三土外。不具三土勝妙莊嚴五塵。則與小乘偏眞法性。有何差別。以上約所受用釋竟。大科徵釋竟。

丁二廣釋分二　戊初別釋所受　二合釋能受所受　初又二　己

初釋生處　二結示佛力

妙

經 又舍利弗。極樂國土。有七寶池。八功德水。充滿其中。池底純以金沙布地。四邊階道。金銀瑠璃玻瓈合成。上有樓閣。亦以金銀瑠璃玻瓈硨磲赤珠瑪瑙。而嚴飾之。池

中蓮華大如車輪青色青光黃色黃光赤色赤光白色白光微妙香潔

（解）上明住處今明生處寶池金銀等所成不同此方土石也

絕待之樂爲濁世衆生須對待而論

（講）上四土依果明住處此寶池蓮華明生處池以金銀等七寶所成異此方土石也此卽對待而論以顯彼土絕待之樂此土同居是有漏惑業所感彼土乃無漏淨業所成又爲彌陀願行之所莊嚴大本云內外左右有諸浴池或十由旬或二十三十乃至百千由旬猶如大海一寶二寶乃至七寶所共合成今不言由旬數量者略也

（解）八功德水一澄淸異此方渾濁二淸冷異寒熱三甘

美異鹹淡劣味。四輕軟異沉重。五潤澤異縮腐褪色。六安和異急暴。七除饑渴異生冷。八長養諸根異損壞諸根及沴戾增病沒溺等也。

(講)八功德水。略顯八德。文易可知。惟縮腐褪色與沴戾六字解註如下。縮者臭也。腐者日久味變。褪色日久色變。沴者不和。戾者不順。因不和順所以增病。

極樂寶水。非止八德。實則功德無量。十六觀經云。一一池水。七寶所成。其寶柔軟。從如意珠王生。分十四支。一一支作七寶妙色。其摩尼水流注花間。尋樹上下。其聲微妙。演說苦空無常無我諸波羅密。是水本無情而能說法。豈思議之所能及哉。

無量壽經云。諸上善人入七寶池。澡雪身體。意欲令水沒足。水即沒足。乃至欲令灌身。自然灌身。欲令還復。水輒還復。調和冷煖。自然隨意。開神悅體。蕩除心垢。清明澄潔。淨若無形。是水本無心。能隨人意。又豈思議之所能及哉。

（解）充滿其中。異枯竭汎濫。底純金沙。異汙泥。階道四寶。異磚石。陛級名階。坦途曰道。重屋爲樓。岑樓名閣。七寶樓閣。異此方土木丹青也。樓閣是住處。及法會處。但得寶池。蓮胞開敷。便可登四岸。入法會。見佛聞法也。

（講）此方之水。有時枯（乾也）竭（盡也）則不能得其用。有時泛濫。儒書云。洪水橫流。泛濫於天下。則復損壞一切。底純金沙。亦只略言。觀經云。眞金爲渠。其下皆雜色金剛。以爲底沙。大本云。純一寶池。底沙亦以一寶。黃金池者。白銀底沙。水晶池者。瑠璃底沙。二寶爲池。底沙亦二。乃至七寶。亦復如是。異此方池底皆汙泥不淨也。

陛級名階踐之上升坦平也途曰道。路也履之遊行。重屋曰樓。岑樓曰閣。此卽佛僧所居。及聚會說法之處。七寶所成。則皆用七寶莊嚴。而較飾之異此方土木。彩畫丹青而嚴飾也。

無量壽經云。阿彌陀佛講堂精舍。宮殿樓閣。皆以七寶。勝於此界第六天上天帝所居。百千萬倍。菩薩所居。亦復如是。諸天及人宮宇樓閣。稱其形色高下大小。或以一寶二寶至無量寶。今言七寶。不云高下大小者。皆省文也。

七寶以金爲首。金具四義。體則堅固。性則柔軟。色具光明。價本貴重。銀之四義所不能及。瑠璃此云青色寶。又云不遠山寶山近波羅奈城。故云不遠。山多此寶。玻瓈此云水玉。卽水晶。硨磲此云大貝。貝爲海中介蟲。大者爲寶。有云非梵語。以其形似車之渠。渠者輞也。赤珠乃赤蟲所出之珠。瑪瑙有山瑪瑙。水瑪瑙之分。如上七寶。但取名同此方。實則一一超勝百千萬倍。問西方佛聖。何以貪華麗。尚美觀耶。此土上古聖賢。如堯帝處茅茨。禹王卑宮室。顏回居陋巷。祇貴其德。不重寶嚴。讀古者無不景仰其風。

答此由彌陀大願所成。亦由諸上善人淨行所感。不待造作經營。又由彌陀大開方便。隨順衆生厭穢忻淨之心理。以大願行莊嚴成就極樂淨土。今十方衆生。有欲捨苦求樂。信願念佛。求生彼國。即可橫截生死。正所謂先以欲鉤牽。後令入佛智也。○蓮池大師云。喻如正厄饑寒之國。忽聞飽煖之鄉。方沉幽暗之崖。乍覩光明之境。豈不身心踴躍。捨故趣新。但得往生。終成解脫。方便接引。當如是耳。

（解）華輪者。輪王金輪。大四十里。且舉最小者言。若據觀經。及無量壽會。大小實不可量。由同居淨土。身相不等故也。

(講)此明華輪。卽蓮華大如車輪。非指普通車輪。乃舉輪王金輪。輪王有四。鐵輪王統領南洲一洲諸國。銅輪王統領東南二洲諸國。銀輪王統領東西南三洲諸國。金輪王王四大部洲。至要卽王位。有金輪寶自然現前。乘之一日之內。可以周遊四大部洲。金輪王出世。海水低落。海邊現有輪王道路。能通四洲。輪王有七寶(金輪寶。象寶。馬寶。女寶。主藏臣寶。將軍寶。寶藏瓶。)千子以十善化導四洲。皆服金輪。大一由旬。(由旬有三種。小四十里。中六十里。大八十里。)四十里。乃舉最小由旬言。若據觀經。及寶積經中。無量壽如來會所明。大小實不可限量。由同居淨土。有凡有聖。身相不等。故觀經云。一一池中。有六十億七寶蓮華。團圓正等十二由旬。大本云。池中蓮華。或一由旬。乃至百由旬千由旬。

問。蓮華大小何以相去甚遠。答。由十方念佛衆生。工夫勤惰不等。故所感蓮華大小不一。現前有一衆生。聞說淨土法門。發心信願。持名。七寶池內。

卽時產一蓮蕋。標名於上。如若精進念佛。蓮華日大一日。光色日鮮。如中途退心。或另學別種法門。則蓮華漸枯。倘一生修持到底。則臨命終時。彌陀接引往生。卽生此蓮。名爲託質蓮胎。以九品蓮華爲父母。淸淨受生。華開見佛。是蓮華乃卸凡殼之玄宮。安慧命之神宅。蓮喻車輪者。不但狀蓮之形。而且表蓮之德。輪有運載義。而此華輪。能至十方。接引衆生。出離苦海。往生極樂。可爲彌陀大願船。普載衆生。同赴蓮池會也。

(解)靑色名優鉢羅。黃色名拘勿頭。赤色名鉢頭摩。白色名芬陀利。由生身有光。故蓮胞亦有光。然極樂蓮華光色無量。此亦略言耳。微妙香潔。略歎蓮華四德。質而非形。曰微。無礙。曰妙。非形則非塵。故潔也。蓮胞如此。生身妙可知。

(講)此先明蓮華光色。後舉四德。蓮分四色。色各有光。由衆生身有光明。故蓮胞亦有光。光色本應無量。四色亦略言耳。微妙香潔。略歎蓮華四德者。既曰略歎。當知蓮之德。亦不止此。質而非形曰微。質乃寶華之體質。形量大小不定。各隨念力而現。故曰非形。(非一定大小之形)無礙曰妙者。自在無礙。不可思議。十方衆生發心念佛。華即標名。勤惰纔分。榮枯頓異。是爲感應冥符。妙又上中下品。各隨功行。無量往生。不致錯謬。是爲勝劣分明。妙香者。彼土之蓮。光色既勝。香氣應異。非此方蓮香可比。非形即非塵者。既非一定大小之形。則自然非色塵之德。而全體唯心矣。元是菩提妙淨明體。故曰非塵。故潔也。蓮胞既光色明耀。微妙香潔。則生身莊嚴殊勝可知。以上釋生處竟

己二結示佛力

經　舍利弗。極樂國成就如是功德莊嚴。

（解）明上住處生處種種莊嚴皆是阿彌陀佛大願大行此義約佛稱性功德之所成就故能徧嚴四種淨土普攝十方三世一切凡聖令往生也。

（講）此結示佛力故呼舍利弗而告之曰極樂國土成就如是。指上住處生處種種莊嚴皆是阿彌陀佛大願大行稱性功德之所成就願行爲能莊嚴極樂是所莊嚴此約佛釋大願卽彌陀因中爲法藏比丘對世自在王佛發四十八願第三十二願云設我得佛自地以上至於虛空宮殿樓觀池流華樹國中所有一切萬物皆以無量雜寶百千種香而共合成嚴飾奇妙超諸天人其香普熏十方世界菩薩聞者皆修佛行若不爾者不取正覺大行者卽彌陀願後勇猛精進阿僧祇劫修菩薩行大本云法藏比丘於世自在王佛所攝取二十一億佛剎淸淨之行。

稱性功德者。稱合眞如自性。本具功德。一切莊嚴。亦復性本自具。但非佛力。不能成就。故曰稱性功德之所成就。

徧嚴四種淨土者。由眞性圓滿周徧。故能普徧莊嚴。四種淨土。彌陀願行圓滿。莊嚴淨土。爲衆生作增上緣。帶起十方三世。一切凡聖。自心種種莊嚴。爲所緣緣。一切凡聖。緣此莊嚴淨土。起欣慕心。而修淨業。求生淨土。故曰普攝十方三世。一切聖凡。令往生也。

（解）佛以大願。作衆生多善根之因。以大行。作衆多福德之緣。令信願持名者。念念成就。如是功德。而皆是已成當非今非當。（此義約生……誰解。承）

（講）復次彌陀。以因中所發大願。能作衆生多善根之因。又以願後所修大行。能作衆生多福德之緣。此意須善會。何以彌陀願行能爲衆生作殊勝因緣。因佛以此願行。莊嚴成就。四種淨土。又以此願行。莊嚴成就。一句洪名、令衆生對此莊嚴之依正。信願持名者。以佛之願爲願。以佛之行爲行。皆得多善根多福德也。念念執持名號。相續無間。卽念念以此善根福德。成就如是稱性功德莊嚴。此義約衆生釋。皆是已成者。衆生性本自具一切莊嚴。但由信願持名。方能成就。已起信願行。卽是已成。非今非當者。非現今成。非當來成也。

(解)此則以阿彌種種莊嚴。作增上本質。帶起衆生自心。（性相圓明。徹盡法門邊畔界限）種種莊嚴。全佛卽生。全他卽自。故曰成就。如是功德莊嚴。（會。上二義。祇是一義）

(講)此約生佛圓融不二釋。以阿彌種種莊嚴。作增上本質。四句以彌陀大願大行。種種稱性莊嚴。此屬性宗。能爲衆生作增上緣之本質。帶起衆生自心所現種種莊嚴。此屬相宗。性不礙相。相不離性。性相圓明。生佛不二。撤盡性相二宗法門界限。

緣有四種。一親因緣。二次第緣。（亦名等無間緣）三所緣緣。四增上緣。有增上力用故。謂彌陀願行稱性所起之種種莊嚴。有增上力用之本質境。

帶起衆生自心種種莊嚴者。帶是變帶。謂衆生托佛增上緣本質境。變起自心種種莊嚴。爲帶質境。爲己所緣。本質能現帶質。帶質無異本質。（本質如影印之原底。帶質如影印所印。印刷品。）故曰全佛即生。（全佛之本質。即衆生之帶質。衆生帶質境。不離佛本質故。）全他即自。（全他佛之莊嚴。即自己之莊嚴。）二義祇是一義。成就如是生佛一如。自他不二。事事無礙。不可思議功德莊嚴也。初別釋所受竟

戊二合釋能受所受分二　己初約五根五塵明受用　次約耳根聲塵明受用

己初又二　庚初正明　二結示　今初

經　又舍利弗。彼佛國土。（空中）常天作樂。（下是）黃金爲地。（中間）晝夜

六時雨天曼陀羅華（上嚴空界　下嚴金地）其土衆生常以清旦各以衣裓（音格）盛衆妙華供養他方十萬億佛卽以食時還到本國飯食經行

（解）樂是聲塵地是色塵華是色香二塵食是味塵盛（平聲）華散華經行是觸塵衆生五根對五塵可知常作者六時也黃金爲地者七寶所嚴地界體是黃金也日分初中後名晝三時夜分初中後名夜三時故云晝夜六時（但可順此方比擬不可隨此方情見）然彼土依正各有光明不假日月安分晝夜且順此方假說分際耳

（講）經中舉極樂五塵勝境爲衆生五根所受用文顯可知常作者卽指

天樂。晝夜六時。無有間歇。不同世樂之或作或輟也。樂以天稱有二義。一天人之樂。乃諸天奏樂供養彌陀以及海會聖衆。二天然之樂。不假人力自然敷奏。如本經云。微風吹動諸寶行樹及寶羅網出微妙音。譬如百千種樂。同時俱作。不特其音之美。且能令聞者念三寶也。

黃金爲地者。三句指地之體質本是黃金七寶。但是地上莊嚴耳。晝夜六時者。晝是日夜各有初中後三時。合爲六時。又一解晝六時夜六時。每晝夜共十二時。然彼極樂淨土依報世界正報色身皆有光明。不假日月。假者藉也。既不假日月。則安分晝夜。安分是反難辭。後解答云。且順此方假說分際耳。但順此方。比擬莫順此方情見始得。

（解）曼陀羅。此云適意。又云白華。衣裓是盛華器。衆妙華。明非曼陀羅一種。應如妙經四華。表四因位。供養他方

佛表眞因會趨佛果果德無不徧也且據娑婆言十萬億佛意顯生極樂已還供釋迦彌勒皆不難耳若阿彌神力所加何遠不到哉

（講）上是天樂爲耳根所對之聲塵金地爲眼根所對之色塵此是天華爲眼鼻二根所對色香二塵晝夜六時雨（去聲落也）天曼陀羅華此云適意色香美妙適悅人意又云白華淸白潔淨世所未有此即天華乃天人所雨以表供養之意如大本所云一切天人皆賚天上百千華香來供彼佛及諸菩薩聲聞之衆

衣裓是盛華器盛字平聲貯也衣裓例如進香香袋衆妙華明非曼陀羅一種應如妙法蓮華經之四華天雨曼陀羅華摩訶曼陀羅華（譯適意華大適意華）曼殊沙華摩訶曼殊沙華（譯柔軟華大柔軟華）以四華供養他方佛表眞因會趨佛

果果德無所不徧也。住行向地諸菩薩。破無明見法身。乃為眞因。念念趨向無上妙覺之佛果。果德徧十方界。故曰供養他方十萬億佛。極言供佛之多也。

且據娑婆言十萬億佛。四句。蕅公之意。從是西方過十萬億佛土。有世界名曰極樂。今在彼土。能供十萬億佛。意顯往生彼國。已有欲還供本師釋迦。及當來彌勒。亦不成難事。若承阿彌威神之力加被。則何遠不到哉。更不落十萬億之數量耳。

(解)食時卽淸旦。故曰卽以明其神足不可思議。不離彼土。常徧十方。不假逾時迴還也。

(講)食時。乃受食之時。淸旦盛華供養多佛。食時卽歸。明其神足不可思議。神足乃六通之一。亦名如意通。此通有三。一能到身。能飛行輕舉。遠到二轉變。大小一多。互相轉變。三聖如意化現。無方應變。莫測。故能不離彼土。常徧十方。此二句有二義。一十方剎土。自他不隔於毫端也。二不起滅盡定。而現諸威儀也。譬如月不離空。而能影現衆水。不假逾（過越也）時。迴還本處。極言其速之至也。此種神力。固由衆生淨業所感。亦由彌陀願力所致。因中第二十三願云。設我得佛。國中菩薩。承佛神力。供養諸佛。一食之頃。不能徧至無數無量億那由他諸佛國者。不取正覺。

（解）此文顯極樂。一聲一塵。一剎那。乃至跨步彈指。悉與十方三寶。貫徹無礙。

（講）上文神足已顯不思議之理。此文顯極樂。事事皆無障礙法界。故舉一聲一塵一剎那。（時之最短也。一彈指有九十剎那。）乃至舉足跨步。伸手彈指。一一無非全體法界。極樂淨土。隨拈一法。體即法界。攝盡十方無盡三寶。十方三寶。

體即法界攝盡極樂依正故云與十方三寶貫徹無礙如帝珠網一珠攝多珠多珠攝一珠一多相攝貫徹無礙

(解)又顯在娑婆則濁重惡障與極樂不隔而隔在極樂則功德甚深與娑婆隔而不隔也

(講)又顯在娑婆則五濁深重惡業爲障故與極樂不隔而隔如五台清涼勝境我等凡夫不隔而隔在極樂則諸善俱會功德甚深隔而不隔如聖人之與人間隔而不隔也

(解)飯食經行者念食食至不假安排食畢鉢去不勞舉拭但經行金地華樂娛樂任運進修而已

(講)飯食經行者受齋之後一心行道也念食食至乃受天然飲食之樂並不假安排造作食畢鉢(受食之器具云鉢多羅此云應量器)去自然化去亦不勞洗滌舉

拭。並無塵緣障道之苦。大本云。諸往生者。其飯食時。金鉢。銀鉢。種種寶鉢。隨意現前。百味飲食。充滿其中。酸鹹甘淡。各如所願。不餘不缺。不以美故過量而食。食已自消。而無遺滓。或見色聞聲。意以爲食。自然飽適。無所味着。身心輕利。食畢化去。時至復現。

但經行金地。下雖有天華繽紛。天樂敷奏。娛樂之境。心不貪著。優游自在。一心行道。任運（自然意）進修。或稱念佛名。或參究禪理。或修習觀行。非徒散慮逍遙也。

此飯食經行。是尋常日用事。當知日用之中。頭頭是道。古德云。運水搬柴。無非妙用。穿衣喫飯。盡是禪機。蓮池大師云。拈匙放箸。口口不離。舉足動身。步步踏著。何得埋頭喫飯。空過一生。翫水觀山。徒勞萬里。味哉言乎。初正明竟。

庚二 結示

經 舍利弗。極樂國土。成就如是功德莊嚴。

(講)此如來重呼舍利弗。告以極樂世界。成就如是天樂。天華。神足往還。飯食經行。一一無非彌陀願行功德之所莊嚴。○願莊嚴者。大本願云。我作佛時。剎中菩薩。以香華等種種供具。欲往他方世界。供養諸佛。一食之頃。即可徧至。又願我剎中人。欲食之時。百味飲食。化現在前。食已自去。今者成佛。一一如願。○行莊嚴者。法藏比丘。既發願已。天雨妙華。而散其上。故果上亦感天華之莊嚴。又願後修行。恆往佛所。承事供養。故感果上國中人民。一食之頃。徧供多佛。神足之莊嚴。又手中常出衣服飲食幢幡寶蓋。一切音樂。供養於佛。故感果上天樂。鳴空國中。衆生自然衣食之莊嚴。

初約五根五塵明受用竟。

己二約耳根聲塵明受用分二　庚初別明　二總結　庚初又二

辛初化有情聲　二化無情聲　辛初又二　壬初鳥音法利　二徵釋略顯　今初

經 復次舍利弗。彼國常有種種奇妙雜色之鳥。白鶴孔雀。鸚鵡舍利。迦陵頻伽。共命之鳥。是諸衆鳥。晝夜六時。出和雅音。其音演暢五根五力。七菩提分。八聖道分。如是等法。其土衆生。聞是音已。皆悉念佛念法念僧。

（解）種種奇妙雜色。言多且美也。下略出六種。舍利舊云鶖鷺。琦禪師云是春鶯。或然。迦陵頻伽。此云妙音。未出㲉時音超衆鳥。共命一身兩頭。識別報同。此二種西竺雪山等處有之。皆寄此間愛賞者言。其似而已。六時出音。則知淨土不以鳥棲爲夜。良以蓮華託生之身本無昏睡。不假夜臥也。

(講)此重呼舍利弗。復約耳根聲塵明受用。娑婆衆生耳根最利。故以音聲而作佛事。極樂攝法界機。五根五塵一一圓妙。此姑就聲塵以顯法利。非全同此方眞教體清淨在音聞也。

彼國常有種種奇妙雜色之鳥。者常有謂非時有時無。種種言其品類不一。形殊衆鳥。曰奇。音能說法。曰妙。毛羽光彩。形形色色。多而且美也。下略出六種。白鶴以純白爲正。孔雀華彩奪目。鸚鵡以紅嘴綠羽爲貴。能學人語。舍利舊云鶖鷺。元朝楚石梵琦禪師西齋詩云。舍利是春鶯。修眉漆點睛。或然未確定之辭。

迦陵頻伽。此云妙音鳥。正法念處經云。迦陵頻伽出妙音聲。若天若人。緊那羅等。無能及者。唯除如來音聲。未出㲉時。音超衆鳥。大論云。迦陵頻伽鳥。在卵中未出。聲超衆鳥。

共命。一身兩頭。識別報同者。梵語耆婆耆婆迦。此譯爲生。勝天王經云。生生。或譯命。法華經云。命命。（二命共一身故）雜寶藏經名爲共命。心識各別。報命相同也。後二種。雪山等處有之。此等諸鳥。皆寄此間愛賞者言。其相似也。名雖相似。實則不同。十六觀經云。如意珠王。湧出金色微妙光明。其光化出百寶色鳥。和鳴哀雅。常讚念佛念法念僧。此鳥原是彌陀化身

六時出音者。則淨土諸鳥。晝夜六時。出和雅音而無間歇。非同此方夜棲晝鳴。良以極樂衆生。蓮華託生之身。本來無有昏睡。不假夜臥。鳥亦如之

（解）五根等者。三十七道品也。所謂四念處。一身念處。二受念處。三心念處。四法念處。

（講）上明鳥音此明說法謂以上衆鳥非但音聲和雅可愛且能演揚宣暢佛法道品五根等他經七科三十七分卽修行入道之品也此經惟列二十五品或謂三十七道品是小乘法極樂爲大乘機如何演暢不對機之法當知三十七品實通大乘智度論云三十七品無所不攝卽無量道品亦在其中涅槃經云若人能觀八正道卽見佛性名得醍醐此皆能通大乘之明證也

所謂四念處下解七科名義正文無前三科但有五根等後四科仔細研究極樂衆生蓮華化生淸淨莊嚴不必觀身不淨無有衆苦但受諸樂不必觀受是苦諸上善人俱會一處無有諸惡所求如意圓證三不退故不必更聞四正勤四如意足蕅公因解後四科順帶前三科耳

四念處念是能觀之智處屬所觀之境以智觀境爲念處一身念處觀淨土之身究竟淸淨非同娑婆不淨二受念處觀淨土之受純不思議樂無

有衆苦逼迫。三心念處。觀淨土之心。眞實常住。遠離生滅無常。四法念處。觀淨土五陰之法。自在爲我。非同諸法無我

(解)四正勤。一已生惡法令斷。二未生惡法令不生。三未生善法令生。四已生善法令增長

(講)正勤卽正精進也。淨土衆生圓證三不退。惟善無惡。淨念相繼。入三摩地。不退入凡夫位。不退菩薩行。不退無上道。念念趣向薩婆若海。卽正勤也。

(解)四如意足。一欲如意足。二精進如意足。三心如意足。四思惟如意足。

(講)如意足亦名四神足。能發神通。所願皆遂。故名如意足。一欲如意足。向所欣慕極樂淨土。今已得生故。二精進如意足。三種不退。已得圓證故。

三心如意足。（亦名念如意足）菩提行願。念念不捨故。四思如意足。（亦名慧如意足）深入佛慧。任運增明故。

（解）五根者。信正道及助道法。名信根。行正道及諸助道善法。勤求不息。名精進根。念正道及諸助道善法。更無他念。名念根。攝心在正道及諸助道善法中。相應不散。名定根。爲正道及諸助道善法。觀於苦等四諦。名慧根。

（講）五根者。信進念定慧也。五者何以名根。具二義故。一能持義。如樹有根。能持所生枝葉。不致焦枯。二能生義。能生花果。令得成熟。故以根名。一信根。信正道及助道法。正道卽信一切衆生本來是佛。發菩提心。趣向眞如佛果。助道卽修習一切善法。助發正因。名信根。二精進根。修正助道法。勤求不息。名精進根。三念根。念正助道法。更無他念。名念根。四定根。攝心在正助道法。相應不散。名定根。五慧根。於正助道法。慧照分明。名慧根。藕公云。觀於苦等四諦。即慧照現前。觀於苦諦。當體即是法身。集諦（三惑）當體即是般若。道諦為解脫因。滅諦即解脫果。名慧根

（解）五力者。信根增長。能破疑惑。破諸邪信。及破煩惱。名信力。精進根增長。破種種身心懈怠。成辦出世大事。名精進力。念根增長。破諸邪念。成就一切出世正念功德。名念力。定根增長。能破亂想。發諸事理禪定。名定力。慧根增長。能遮通別諸惑。發眞無漏。名慧力

（講）五力者。即前五根增長。具大力用。不為他法所伏。而能摧伏他法（即疑惑懈怠等）。一信根增長。深信是心是佛。是心作佛。能破衆生不能成佛之疑惑。能破邪信。不為邪法之所動搖。及破見思塵沙無明各種煩惱。名信力。○

二精進根增長。能破種種身心懈怠。不存身見。悍勞忍苦。破身懈怠。心不昏昧。亦不沉沒。破心懈怠。成辦出世大事者。卽成辦出離生死大事。名精進力○三念根增長。破諸邪念。空有二邊之念。皆屬於邪。成就出世中道正念功德。名念力○四定根增長。一心不亂。能破散亂妄想。而發事理禪定。禪定卽三昧。功淺者。發事一心不亂三昧。功深者。發理一心不亂三昧。名定力○五慧根增長。慧光透露。能遮止也通別諸惑。見思爲通惑。三乘同斷。故塵沙無明爲別惑。別屬菩薩所斷。故三惑黑暗。慧光能破。諸暗旣破。顯發眞正無漏之智。名慧力。

(解)七菩提分。亦名七覺分。智慧觀諸法時。善能簡別眞僞。不謬取諸虛僞法。名擇法覺分。精進修諸道法時。善能覺了。不謬行於無益苦行。常勤心在眞法中行。名精進覺分。若心得法喜。善能覺了。此喜不依顚倒之法而喜。住眞法喜。名喜覺分。

（講）七菩提分者。梵語菩提。此譯爲覺。故亦名七覺分。卽由前慧力所發眞正無漏之智。善能覺了。一擇法覺分。智慧觀諸法時。卽以智慧觀察五蘊諸法之時。慧照分明。善能簡擇分別。何者是眞。何者是僞。與無漏智相應爲眞。不相應爲僞。不致謬（錯也）取虛僞之法。五蘊本來無我。妄執實我五蘊本非實法。妄執實法。我相法相。皆虛僞也。與無漏智不相應。我法二空眞理。與無漏智相應。如是簡別。名擇法覺分。

二精進覺分。精進修諸道法時。者不雜謂之精。不退謂之進。修趣向佛道之法。一心精進。不倦不怠。慧照分明。善能覺了。不謬行（錯修也）於無益苦行。如楞嚴經所云。勤心役身事火崇水等諸外道所修無益之苦行。不能出離生死。是爲無益。常勤心在眞法中行。眞法。卽眞正道法。四攝六度等。如是精進。名精進覺分。

三喜覺分。若心得法喜者。卽進修道法。工夫深造。與眞法相應。心得法喜。慧照分明。善能覺了此喜不依顚倒之法而喜。計斷計常。着空着有。皆顚倒也。住眞實之法而生喜。名喜覺分。

(解)若斷除諸見煩惱之時。善能覺了。除諸虛僞。不損眞正善根。名除覺分。若捨所見念著境時。善能覺了所捨之境。虛僞不實。永不追憶。名捨覺分。若發諸禪定之時。善能覺了。諸禪虛假。不生愛見妄想。名定覺分。

(講)四除覺分。若斷除諸見煩惱者。諸見卽身邊邪見戒五利使。煩惱卽貪瞋癡慢疑五鈍使。五利使屬見惑。迅速敏捷。故利。五鈍使屬思惑。紆迴遲緩故鈍。此十使是造業受報之因。能使衆生。受輪迴生死之苦。故名使。斷除十使時。慧照分明。善能覺了。除諸虛僞之惑。此惑無有自體。故曰虛僞。不損眞正善根者。以無漏智爲眞正善根。智能斷惑。其智不損。如日光能破暗。其光不損。名除覺分

五捨覺分。若捨所見念著境時。謂所見念著之境。此境本來無有。慧照分明。善能覺了。所捨之境。舉體虛妄。因念著故。似現前境。乃由意識所變。故曰不實。既已了知。永不追憶。如人所見夢中之境。夢時妄生愛著。醒覺之後。了知虛僞。無有眞實。故不追憶。名捨覺分

六定覺分。若發諸禪定之時。禪有多種。外道禪修無心定。用強制力。將第六意識。伏而不行。生無想天。壽五百劫。初半劫用功入無想定。能經四百九十九劫。如夾冰魚。雖然不動。冰融復活。迨最後半劫。定力一失。妄想復起。因謗三寶。墮落地獄。○有漏禪。如四禪四空諸天。各皆有定。若未得滅

受想定。不能了生死。報盡還來。散入諸趣。如鬱頭藍弗修到非想非非想天。三界極頂。捨報之後。墮作飛狸之身。此定覺分慧照分明。善能覺了。如上諸禪。悉皆虛假。非眞實定。不生愛見味著。名定覺分。

（解）若修出世道時。善能覺了。常使定慧均平。或心沉沒當念用擇法精進喜三覺分。以察起之。或心浮動。當念用除捨定三覺分。以攝持之。調和適中。名念覺分。

（講）七念覺分。若修出世道時。卽修出離世間。了脫生死之道。三十七品。出世道也。修此道時。慧照分明。善能覺了。定慧不可偏重。常使定慧均平。如車之兩輪。鳥之兩翼。要一樣高低長短。或有時定力太過。其心沉沒。當念用擇法精進喜三覺分。而審察提起。不令沉沒。或有時慧力太過。其心浮動。當念用除捨定三覺分。以收攝任持。不令浮動。務必調和其心定慧適中名念覺分。

(解)八聖道分。亦名八正道。修無漏行觀。見四諦分明。名正見。以無漏心相應思惟。動發覺知。籌量為令增長。入大涅槃。名正思。

(講)八聖道分。聖者正也。亦名八正道。由前擇法覺分。不依偏邪。故入正道。無漏聖法曰正。能通涅槃曰道。共有八種。一正見。修無漏行觀者。即苦集滅道四諦。每諦有四行觀。合為十六行觀。詳在三藏法數。恐繁不錄。修此行觀。不至漏落生死輪迴。故稱無漏行觀。慧眼分明。見理正確。名正見。二正思惟。以無漏心。即四諦智。總名一切智。心以無漏心相應思惟者。不是識心思惟。乃是無漏心相應之思惟。動發覺知籌量者。依四諦智。動發四諦觀。覺知籌量(即思惟)四諦境。為令觀智增長。斷惑證眞。入大涅槃。名正

思惟

（解）以無漏慧除四邪命攝諸口業住一切正語中名正語以無漏慧除身一切邪業住清淨正身業中名正業以無漏慧通除三業中五種邪命住清淨正命中名正命（五邪命。皆爲利養。一詐現異相奇特。二自說功德。三占相吉凶。爲人說法。四高聲現威。令人敬畏。五說所得供養。以動人心。）

（講）三正語以無漏慧除四邪命者一方口食謂曲媚豪勢通使四方（身爲說客。遊說四方。）二維口食謂種種咒術卜算吉凶（以諸咒術。呼召鬼神。卜卦算命。報吉談凶。）三仰口食謂仰觀星宿以自活命（仰觀天文。推測盈虛。）四下口食謂種植田園（農事耕作。）和合湯藥（醫理名家）以上四種邪心求利以活身命多有口業攝諸口業者即不妄言不綺語不惡口不兩舌住一切正語中名正語

四正業以（用也）無漏慧除身一切邪業凡不正之行皆名邪業住清淨正

身業中。卽修清淨梵行。如楞嚴經云。尙無不殺不盜不婬。云何更隨殺盜婬事。名正業。

五正命。以無漏慧。通除三業(身口意)中。五種邪命。一詐現異相奇特。以奸詐爲懷。示現異相。與人不同。如不食五穀。臥刺投灰。諸奇特事。冀人信仰。二自說功德。誘動人心。三占相吉凶。爲人說法。占卜相命。報吉談凶。爲人說法。四高聲現威。令人敬畏。五說所得供養。以動人心。此二可知。此五種亦皆邪心取利。以自活命。故名五邪命。住清淨正命中者。以道自活。而全法身慧命。名正命。

(解)以無漏慧相應。勤行精進。修涅槃道。名正精進。以無漏慧相應。念正道及助道法。名正念。以無漏慧相應。入定。名正定。

（講）六正精進。以無漏慧。修涅槃道。勤行精進。不倦不怠。行契於智。謂之相應。名正精進。

七正念。以無漏慧相應。除諸妄念。一心專念眞如實際。佛果菩提之正道。及萬行莊嚴之助道法。名正念

八正定。以無漏慧相應。入正定。遠離不定。及邪定與有漏禪定等。名正定。

皆有訂譌。之功

（解）此等道品。依生滅四諦而修。卽藏教道品。依無生四諦而修。卽通教道品。依無量四諦而修。卽別教道品。依無作四諦而修。卽圓教道品。

（講）此料簡道品。先約四教簡。後約四土簡。道品卽四諦中道諦也。通大小乘。乃如來妙智。對機所施之教法。如醫師之因病設藥。修行道品。如服藥除病也。

天台宗智者大師。將如來一代時教。判為五時八教。化儀四教。為頓漸祕密不定。化法四教。為藏通別圓。四教各有四諦。故道品須約四教料簡。極樂世界十方往生者。衆機當不一。若約夙種而論。當有四教道品修法之差別。

一藏教。即三藏教。四阿含為經藏。毗尼為律藏。阿毗曇為論藏。小乘學者。依此而修。故名藏教。約事立名。後三教大乘。約理立名。藏教詮生滅四諦。苦諦則生住滅三相流遷。有生老病死苦。還流不息。集諦則貪瞋癡等分四心流動。等八萬四千塵勞。積集心中流動。道諦則對治易奪。以道諦對治之功。易奪集諦。如以藥治病也。滅諦則滅有還無。滅有為之惑業苦。還無為涅槃。淨土衆生。若小種先熟者。定依生滅四諦而修。即藏教道品。

二通教。為大乘初門。鈍根人通前藏教。利根人通後別圓。故名通教。詮無生四諦。苦諦如幻如化。無逼迫相。當體即空。無逼迫相。集諦如幻如化。無和合相。當體即空。無和合相。道諦不二相。與集諦同一幻化。如夢中藥與病皆空。為不二相。滅諦無生相。滅諦是涅槃。亦如幻化故無生。淨土衆生。若是通教機。定依無生四諦而修。即通教道品。

三別教。獨菩薩法。別前藏通。別後圓教。故名別教。詮無量四諦。苦諦有無量相。十界果報不同。故集諦有無量相。五住煩惱不同。故道諦有無量相。恆沙佛法不同。故滅諦諸波羅密譯云到彼岸。到涅槃彼岸。不同。故淨土衆生。若是別教機。定依無量四諦而修。即別教道品。

四圓教。三諦圓融。圓修圓證。故名圓教。詮無作四諦。四諦皆真如實相。無作無為。苦諦五陰本如來藏。無苦可離。集諦煩惱即菩提。無集可斷。道諦邊邪皆中正。無道可修。滅諦生死即涅槃。無滅可證。淨土衆生。若是圓教機。定依無作四諦而修。即圓教道品。

（解）藏道品名半字法門。淨土濁輕。似不必用為小種先熟者或暫用之。

（講）前約四教簡道品此約四土簡道品。藏道品名半字法門以小乘偏眞而不圓滿。故名半字法門。對大乘通別圓滿字法門而說淨土濁輕者以淨土本無五濁。因娑婆衆生生彼國土。故有濁輕。似不必用者若爲小種先熟則暫用之若無小種。不必常用也。

（解）通道品名大乘初門。三乘共稟。同居淨土多說之。

（講）名大乘初門者。爲別圓二教初門也。聲聞緣覺菩薩小中大三乘同聞共稟而修。同居淨土衆生。有具見思惑者。故多說無生道品也。

（解）別道品名獨菩薩法。同居方便淨土多說之。

（講）名獨菩薩法者。非三乘共稟。惟菩薩獨修之法。同居方便淨土多說之。實報寂光二土。則不用別教道品也。

(解)圓教道品名無上佛法有利根者於四淨土皆得聞也。方是極樂淨宗

(講)名無上佛法者。第一義諦也。最尊最上。無有何法能加其上。如有利根之者。人也於四種淨土。悉皆得聞。因四土圓融。故如是方是極樂淨宗。總論四土同居。則具四教。方便但具別圓。實報唯圓教。寂光惟是一心無教不教。

(解)如是等法者。等前念處正勤。如意足等。餘四攝六度。十力無畏無量法門也。

(講)如是指法之辭。指根力覺道四科。等者等念處正勤如意足。及餘四攝法等。四攝者。一布施。衆生無緣不能度。先以布施結衆生之緣。二愛語。以柔軟語。令衆生樂聞。易於受度。三利行。行種種饒益行。以利衆生。四同

事。和光同塵。欲施教化。先以欲鈎牽。後令入佛智。以此四法。攝取衆生。故名四攝法。

六度者。一布施（財法無畏三施）度慳貪。二持戒（大小二乘）度諸惡。三忍辱（事理二忍）度瞋恨。四精進（上求佛道下度衆生）度懈怠。五禪定（百八三昧等）度散亂。六智慧（眞俗中三種智）度愚癡。慳貪等六蔽。是衆生心病。六度是如來法藥。以法藥對治心病。自可藥到病除。

十力者。如來所有十種智力。一是處非處智力。知一切衆生因緣果報。作善業得樂報。因果相契。爲是處。作惡業望樂報。因果相背。爲非處。猶言無有是處也。○二業智力。知一切衆生三世所有諸業。或善不善。漏無漏等。○三定智力。知諸禪三昧。世間禪。四禪四空定。出世間禪。小乘禪。大乘禪。出世上上禪。○四根智力。知諸衆生諸根上下。隨機施教。○五欲智力。知他衆生種種樂欲。各各不同。○六界智力。知世間衆生種種界分。○七至處智力知一切道至處相知所修何教道品得至何位之相○八宿命智力知一世乃至百千萬世姓名苦樂壽夭等○九天眼智力見衆生受生捨報從何道來向何道去或苦或樂○十漏盡智力自知我生已盡不受後有（即後陰受生）

無畏乃四無畏一一切智無畏謂於一切諸法盡知盡見故無所畏○二漏盡無畏謂諸漏已盡五住究盡二死永亡故無所畏○三說障道無畏謂於障道之法（惑業苦皆能障道）能知能說故無所畏○四苦盡道無畏謂於盡苦之道（戒定慧）能知能說故無所畏

無量法門者衆生煩惱之病無量故佛說法門之藥亦復無量如上諸佛所說之法淨土諸鳥一一皆能說之衆生聞者皆能得益

（解）三十七品收法雖盡而機緣不等作種種開合名義

不同。隨所欲聞。無不演暢。故令聞者。念三寶。發菩提心。伏滅煩惱也。

(講)此明開合。開合乃是隨機。三十七品。收一切道法雖盡。而衆生機緣不等。故作種種開合。其中名義。自應不同。若是好廣之機。則開演三十七品。成無量法門。若是好略之機。合演三十七品。無量法門。成戒定慧三學。名既不同。義亦有異。總而言之。隨衆生機緣。樂聞廣者。略者。無不演暢。曲盡其宜。如樂說無礙辯。各隨好樂而說也。

故令聞者。念三寶。足見極樂衆鳥。說法有方。善能開導於人。令念三寶也。三寶卽佛寶。法寶。僧寶。三者俱稱寶者。皆可尊可貴。故既圓念三寶。自可圓發三心。明正因佛性。則理心發。明了因佛性。則慧心發。明緣因佛性。則善心發。一發一切發。是爲圓發。自能圓斷見思塵沙無明三惑也。

（解）灼見慈威不可思議故念佛法喜入心法味充足故念法同聞共稟一心修證故念僧（此三句各具四益詳見下釋念三寶中）

（講）此正明念三寶因緣以修持淨業往生爲因諦聞衆鳥說法爲緣灼（明也）見慈威三句親見彌陀有攝受之慈有折伏之威慈威二皆不可思議故念佛法喜入心三句聞法心歡喜謂之法喜法喜入心如飲甘露是爲法味充足故念法同聞共稟一心修證者大衆同聞共稟受教法一心修持隨功行之淺深而證位有高下故念僧

（解）能念卽三觀所念三寶有別相一體及四教意義三諦權實之不同如上料簡道品應知

（講）此簡別能念所念以及三寶不同之相能念卽三觀者謂能念之心體本空寂卽空觀用則圓照卽假觀正空寂時寂而常照正圓照時照而

常寂。即中觀。

所念三寶有別相。一體者。何謂別相。差別之相也。法身報身應化身。爲四教佛寶。教理智斷。爲四教法寶。三乘賢聖。爲四教僧寶。何謂一體。眞實之體也。湛然智照。靈明覺了。爲佛寶。實相理體。淸淨圓妙。爲法寶。理智不二和合無違。爲僧寶。別相是相。相卽性中之相。一體是性。性卽相中之性。性相一如。二而不二也。

及四教意義者。別相一體。各分四教。但有三諦權實之不同耳。藏通二教爲眞諦三寶。別教爲次第三諦三寶。圓教乃一心三諦三寶。前三教總屬權。圓教乃屬實。此乃如上文料簡四教道品。應知。初釋鳥音法利竟

壬二　徵釋略顯

經 舍利弗。汝勿謂此鳥。實是罪報所生。所以者何。彼佛國

土無三惡道舍利弗其佛國土尚無惡道之名何況有實是諸衆鳥皆是阿彌陀佛欲令法音宣流變化所作

（講）此文徵釋疑難恐人疑云彌陀因中第一大願設我得佛國有地獄餓鬼畜生者不取正覺現有衆鳥豈不有違本願乎故呼舍利弗而誡之曰汝勿謂（即莫作是說）此諸衆鳥五陰實法是罪報（罪業報應）所生此鳥非但不同人間之鳥隨業受生而且不同天上之鳥雖能說法仍屬業報所生也所以者何此句是徵所以不可說此鳥實是罪報所生者何也彼佛下解釋疑難彼佛國土由彌陀願行功德莊嚴無有地獄餓鬼畜生三惡道此三惡道由五逆十惡感地獄道報由慳貪嫉妒感餓鬼道報由愚癡暗昧感畜生道報故名惡道

又呼舍利弗而告之云其佛國土尚無惡道之名此引法藏比丘所發第

十六願爲證。願云。設我得佛。國中天人。乃至聞不善名（即三惡道名）者。不取正覺。名且不聞。何況有實。是罪報所生之衆鳥耶。何況反顯其必無也。非但目所未覩。亦復耳所未聞也。

是諸衆鳥四句。出其所以。難云。彼國既無惡道。何以現有衆鳥。告曰。此鳥皆是阿彌陀佛願力。欲令法音宣揚流布。以不思議力。變化所作耳。又引難云。法藏願後偈云。地獄鬼畜生。皆生我剎中。何得謂無三惡道。引釋云。彼偈次云。一切來生者。修習淸淨行。如佛金色身。妙相悉圓滿。則知未生。雖屬惡道。早種淨因。既生彼國。皆成上善。同佛相好。豈復存惡道形耶。

（解）徵釋可知。問白鶴等非惡道名耶。答既非罪報。則一（名字。法界不可思議）名字皆詮如來功德。所謂究竟白鶴等。無非性德美稱。豈惡名哉。

（講）經中徵釋無三惡道之疑已顯故曰可知此假立問答以釋尚無惡道之名故問云白鶴等豈非惡道名耶答既非罪報者是諸衆鳥五陰實法（指衆鳥身心為五陰實法）既非罪報（所生）則白鶴等假名亦非惡名則一一名字皆詮如來究竟功德者此承上對顯五陰既非罪報則屬善報假名既非惡名則屬善名善報則究竟五陰功德善名則究竟假名功德一色一香一塵一名皆即全體法界不可思議故一一名皆詮如來究竟功德詮者顯也以假名詮顯實法如來究竟功德以如來證窮十法界功德是為究竟徹法流之源底故是法平等一究竟一切究竟故一一名字悉皆究竟所謂究竟白鶴乃至究竟共命之鳥無非性德（稱性功德）美稱豈惡名哉反顯是究竟功德之名也故旁註曰名字法界不可思議如此

（解）問化作衆鳥何義答有四悉因緣（此經悉檀皆是第一義中具下）凡情喜此諸鳥順

三悉情而化令歡喜故鳥尚說法令聞生善故不於鳥起下劣想對治分別故鳥即彌陀令悟法身平等無不具無不造故

(講)此問答顯益問彌陀欲令法音宣流變化衆鳥有何意義答有四悉檀因緣梵語悉檀此云普施四悉乃有四益一世界悉檀歡喜益因世界凡情喜此諸鳥彌陀隨順凡情而化令得歡喜二爲人悉檀生善益化鳥說法事出奇特令聞者咸念三寶而得生善三對治悉檀滅惡益鳥能說法未可輕視不於諸鳥起下劣果報想令得滅惡四第一義悉檀入理益第一義即甚深究竟之義生佛一如鳥爲彌陀變化所作鳥即彌陀法界藏身無一法不具無一法不造即理具事造令得入理此經爲圓頓教皆第一義悉檀便具下三悉檀以事造不離理具也

(解)此中顯微風樹網等音乃一切依正假實當體卽是可謂法界標指阿彌陀佛三身四德毫無差別也

(講)此文標指法界卽直指萬法唯心之旨以顯西方六塵之境一一無非全體法界微風乃觸塵樹網乃色香味三塵音乃風聲此前五塵爲實法五塵落卸影子落在意地之中是法塵爲假法此六塵是依報衆生是正報若依若正若假若實隨拈一法當體卽是彌陀三身法報化四德常樂我淨毫無差別亦卽我及衆生三身四德生佛平等依正無殊此爲第一義悉檀也初化有情聲竟

辛二化無情聲

(經)舍利弗彼佛國土微風吹動諸寶行樹及寶羅網出微妙音譬如百千種樂同時俱作聞是音者自然皆生念

佛念法念僧之心。

（解）情與無情。同宣妙法。四教道品。無量法門。同時演說。隨類各解。能令聞者。念三寶也。

（講）此中經文。重告舍利弗。無情法利。微風者。風之美也。輕清柔和。不徐不疾。吹諸寶樹寶網。鏗然有聲。譬如百千種樂。同時俱作。宮商並奏。律呂克諧。出微妙音者。幽雅曰微。說法曰妙。音中或讚佛。福慧兩足。能作衆生導師。或讚法。猶如妙藥。能治衆生心病。或讚僧。信解修證。能作衆生模範。能令聞者。自然興念三寶。此明念三寶因緣也。

解中情與無情同宣妙法者。情指上文衆鳥。無情指本科風樹羅網。同時宣演四教道品。無量法門。能隨上中下各類之機。皆得領解。則何異佛音圓妙。隨類得解也。能令聞者。念三寶也。

問。無情聲何以亦能說法。答。情與無情共一體。迷者茫然罔覺。悟者豁然契入。如香嚴聞擊竹聲而悟道者是也。又古德云。溪聲便是廣長舌。山色無非清淨身。此土無情尚然。何況極樂莊嚴佛土耶。

（解）念三寶。是從悉檀獲益。凡夫創聞大踴徧身。是歡喜益。與三寶氣分交接。必能發菩提心。是生善益。由此伏滅煩惱。是滅惡益。悟證一體三寶。是入理益。初別明竟。

（講）此明念三寶四益。念三寶是從四悉檀獲益。以同居淨土凡夫創聞昔所未聞今始得聞。情與無情同宣妙法。大喜徧身。是歡喜益。外與別相三寶。內與一體三寶氣分交接。必能發菩提心。即起信論。直心深心。大悲心。是生善益。由此發心起行。或伏煩惱。或斷煩惱。喻如濁水。靜深不動。灰土自沉。清水現前。是伏去泥純水。攪亦不濁。是斷。心中煩惱伏斷。亦復如是。是破惡益。悟證一體三寶。人人具足。是入理益。本科二化無情聲竟。大科初別明竟。

庚二總結

經 舍利弗。其佛國土。成就如是功德莊嚴。

（解）重重結示。令深信一切莊嚴。皆導師願行所成。種智所現。皆吾人淨業所感。唯識所變。（性相圓明）佛心生心。互為影質。如衆燈明。各徧似一。全理成事。全事即理。全性起修。（佛性修皆是性）全（生是修）修在性。亦可長深思矣

（講）重重結示。令深信者。前三教皆淺信。惟圓教事事無礙之信。乃深。一切莊嚴。即四土莊嚴。皆導師因中所發四八弘願。願後所修六度萬行之所成就。乃至果上成佛。得一切種智所現相分莊嚴。此皆約佛邊說。皆吾人淨業所感。唯識所變者。淨業即修持念佛法門。清淨三業。以此淨

業為能感。一切莊嚴為所感。乃至往生淨土。由唯識所變相分莊嚴。以為受用。此乃約衆生邊說。

佛心生心互為影質者。一切莊嚴。皆導師願行所成種智所現。是全莊嚴乃佛心也。皆吾人淨業所感。唯識所現。是全莊嚴乃生心也。全心卽境。全境卽心。佛生互為影（影像境）質。（本質境）本質如石印之印模。影像如影印之印刷品。以佛之莊嚴為本質境時。卻在衆生心中。為影像境。以衆生莊嚴為本質境時。卻在佛心內。為影像境。故曰互為影質。

如衆燈明。各徧似一者。以衆燈喻佛心及一切衆生之心。以燈之光明。喻佛心所現莊嚴。及一切衆生心所變莊嚴。衆燈光徧一室。雖然似一不分。卻是各各徧滿。無壞無雜。互不相礙。以喻佛心生心所現四土莊嚴。似一不分。亦是各各莊嚴。無壞無雜。互不相礙。此卽唯心莊嚴事事無礙之境也。

全理成事。全事即理者。此指上文心境無礙。理即是心。事即是境。全心成境。全境即心。如依金作器。器器皆金也。

全性起修。全修在性者。此指上文性修交成。性即是理。修即是行。稱理起行。行不離理。全行即理。理不離行。全性德莊嚴。理具而起成修德莊嚴。事造全修德莊嚴。還在心性之中。不在心性之外。心性本無外。故如依地種花。千葩萬卉。皆不離地。唯心淨土。自性彌陀。淨土彌陀。不在心性之外。此理微妙。亦可深長思矣。豈淺智短識之所能知耶。

(解)奈何離此淨土離土。譚心。定是緣影妄想。別譚唯心淨土。甘墮鼠即鳥空之誚也哉。初依報妙竟。

(講)奈何寄嘆之詞。謂奈之何。世人不了即事之理。即土之心。離此不思議淨土。別執緣塵影事之妄想。以爲眞心。別譚唯心淨土。自性彌 甘心墮於鼠卽鳥空之誚。良可哀也。鼠卽乃鼠鳴聲譬喻。譚有不知妙有之理者。鳥空亦鳥鳴聲譬喻。譚空不達眞空之理者。初依報妙竟。

佛說阿彌陀經要解講義卷三

上海圓明講堂沙門韜光圓瑛講
弟子芬陀利子明暘日新錄

丙二正報妙分二　丁初徵釋名號　二別釋主伴　初分二　戊初徵　二釋　今初

經舍利弗。於汝意云何。彼佛何故號阿彌陀。

(解)此經的示持名妙行。故特徵釋名號。欲人深信萬德洪名。不可思議。一心執持。無復疑貳也。

(講)此經乃是如來的確指示持名念佛之妙行。故特徵佛名而解釋之。持名而稱妙行者。一但持一句佛號。而得三界橫超。此簡捷妙。二但要十念功成。亦得帶業往生。此殊特妙。三但得往生淨土。便證三種不退。此圓頓妙。故稱妙行。此文釋正報妙。正報有主有伴。先徵釋化主名號。故問當機在汝之意以爲云何。彼佛因何之故。號爲阿彌陀。就此一徵。正欲人因名思義。深信萬德洪(大也)名。不可思議。一心執持。無復疑貳之心也。初徵竟。

戊二釋分二　己初約光明釋　二約壽命釋

(解)阿彌陀。正翻無量。本不可說。本師以光壽二義收盡(確妙)一切無量。光則橫徧十方。壽則竪窮三際。橫竪交徹。卽法界體。舉此體作彌陀身土。亦卽舉此體作彌陀名號。(速須信入)卽衆生本覺理性。持名卽始覺合本。始本不二。生佛不二。故一念相應一念佛。念念相應念念佛也。

(講)阿彌陀。正翻無量。本不可說。釋迦本師以光壽無量二義。收盡一切無量之義。非彌陀但具光壽二義也。光則橫徧十方。（如日光徹上徹下徧照十方）壽則竪窮三際。（過去現在未來）光壽二義。即彌陀心性。光則寂而常照。不變常隨緣也。壽則照而常寂。隨緣常不變也。寂中有照。照中有寂。橫竪交徹。即一眞法界之全體。爲十界之綱宗。乃諸法之實相。故舉此作彌陀三身四土。三身四土。乃此體之所現。亦即舉此體作彌陀名號。光壽無量。亦此體之所成也。

是故彌陀名號。即衆生本覺理性者。本覺理性。即衆生人人本有之佛性。此性橫徧竪窮。寂照照寂。即光壽無量之義。持名即始覺合本者。執持名號。能持之心。即始覺。所持佛號。即本覺。始覺不離本覺。本覺具足始覺。故曰始本不二。如摩尼珠。珠具光明。還照珠體。光不離珠。珠不離光。光珠不二也。

生佛不二者。生心如是。橫徧竪窮。寂照照寂。佛心亦如是。佛號亦如是。故念佛衆生。一念心與佛號相應。即相契合則一念佛。念念相應。則念念佛。是則心佛及衆生。是三無差別也。

今初約光明釋

經 舍利弗。彼佛光明無量。照十方國。無所障礙。故名阿彌陀。

(解)心性一切諸佛之心。要寂而常照故為光明。今徹證心性無量之體。故光明無量也。

(講)此釋佛光無量。先約證釋。首句為一切諸佛心要。諸佛心性。悉皆寂而常照。不變常隨緣故為光明偏照法界。今彌陀從因至果。復本心源徹證心性無量之體。稱體起用。故光明無量也。

(解)諸佛皆徹性體。皆照十方。皆可名無量。而因中願力

不同隨因緣立別名。彌陀爲法藏比丘。發四十八願。有光明恆照十方之願。今果成如願也。可悟心佛

（講）此約願釋前三句。佛佛道同。無有差別。而欲立別名者。必約差別因緣。如彌陀因中。爲法藏比丘。對世自在王佛。發四十八願。第十二願云。設我得佛。光明有能限量。下至不照百千億那由他諸佛國者。不取正覺。今果成得如所願。可悟是心是佛。是心作佛也。

（解）法身光明。無分際。報身光明。稱眞性。此則佛佛道同。應身光明有照。一由旬者。十百千由旬者。一世界。十百千世界者。唯阿彌。方是極樂淨宗普照。故別名無量光。然三身不一不異。爲令衆生得四益。故作此分別耳。

（講）此約三身簡法身橫徧豎窮故光明亦無分劑際限報身以智慧爲身乃稱性所現故光明亦稱合眞性法報二身諸佛一如應身光明乃有差別有照一由旬者由旬無正翻乃輪王巡狩停留之處如此方驛館有小四十里中六十里大八十里之不同或照十百千由旬或照一世界十百千世界不等唯阿彌陀佛大光普照故別名無量光此指彌陀應身常光如是非指放光而言放光者如本師未說法華之前先放眉間白毫相光照東方萬八千億佛土正說楞嚴之時從胸卍字涌出寶光其光晃昱如百千日普照十方微塵世界等

三身不一不異者法身以理爲身報身以智爲身應身以機緣爲身應機示現故如何可以說一三身本來一體如何可以說異說一說異皆爲戲論佛身不可思議離諸戲論故曰不一不異爲令衆生得四悉檀利益故作三身光明分別耳

(解)當知無障礙。約人民言由衆生與佛緣深故佛光到處。一切世間。無不圓見也。

例下壽命確。極不然佛光皆照十方。何勞頌祝

(講)此釋佛光無礙。佛光而言礙無礙者。皆約衆生分上說。衆生與佛緣淺。不覩佛光。故說爲礙。若與緣深。能覩佛光。說爲無礙。故佛光到處。一切世間有緣衆生。無不圓見。故曰照十方國。無所障礙。

問。佛光既照十方。何以念佛之人。許多不見佛光。答。正因念佛功淺。宿世障深。故不能見。不可因不見佛光。遂疑佛光不能照十方國。譬如日光普照。生盲不見。豈可謂日無光耶。倘能一心念佛。念念無間。現前當來。必定見佛。何況佛光。初約光明釋竟。

己二約壽命釋

經又舍利弗。彼佛壽命。及其人民。壽命皆無量無邊阿僧祇

劫。故名阿彌陀。

（解）心性照而常寂。故爲壽命。今徹證心性無量之體。故壽命無量也。

（講）此釋佛壽無量。先約證釋。首句指諸佛心性之體。悉皆照而常寂。隨緣常不變。故爲壽命。法身常住。今彌陀因行已滿。果覺已圓。徹證心性無量之體。始本合一。故壽命無量也。

（解）法身壽命無始無終。報身壽命有始無終。此亦佛佛道同。皆可名無量壽。應身隨願隨機。延促不等。法藏願王。有佛及人壽命皆無量之願。今果成如願。別名無量壽也。

（講）此約願釋。法身清淨。猶若虛空。既無形相。安有始終。報身修成。智德圓滿。斷德究竟。故有始無終。此亦佛佛道同。本無差別。應身壽命。則隨佛本願。及與機緣。而爲長短。如釋迦生於人壽百歲時。願減壽二十年。以補末劫衆生。故八十歲入涅槃。此爲隨願。機薪既盡。應火須亡。此爲隨機。故或延（長也）或促（短也）不等。

法藏願王者。法藏卽彌陀因中爲比丘之名。對世自在王佛。發四十八之弘願。故稱願王。第十三願云。設我得佛。壽命有能限量。下至百千億那由他劫者。不取正覺。又第十五願云。設我得佛。國中天人壽命。無能限量。除其本願。修（長也）短自在。若不爾者。不取正覺。故曰有佛及人壽命皆無量之願。今果成如願。故別名無量壽也。

（解）阿僧祇。無邊。無量。皆算數名。實有量之無量。然三身

不一不異。應身亦可卽是無量之無量矣。

（講）此約三身。簡阿僧祇。此云無數。乃印度十大數之首。第一由阿僧祇阿僧祇。爲無量。第三由無量無量。爲無邊。以下皆倍倍積累。第四爲無等。第五不可數。第六不可稱。第七不可思。第八不可量。第九不可說。第十不可說不可說。今佛生壽命。以阿僧祇劫計算。有無量無邊之阿僧祇劫。此實有量之無量也。

彌陀應身亦有涅槃。非同法報二身。無量之無量也。正法住世。亦復無量。正法於上半夜滅時。觀世音菩薩。卽補佛位。號普光功德山王如來。國名衆寶普集莊嚴。其佛壽命。正法亦復無量。正法滅後。是夜大勢至菩薩。卽補佛位。號善住功德寶王如來。然三身不一不異。下是破情計。應身本來卽法卽報。故曰亦可卽是無量之無量矣。

（解）及者併也人民指等覺以還謂佛壽命併其人民壽命皆無有量也

（講）此釋生壽無量佛爲法王惟妙覺堪稱等覺以還皆人民也彼佛壽命無量併其人民皆得無量之壽

（解）當知光壽名號皆本衆生建立以生佛平等能令持名者光明壽命同佛無異也

（講）此重釋光壽二義先總明當知無量光壽之佛名皆本於衆生現前一念豎窮橫徧之心性建立以生心佛心本同一體在聖不增在凡不減故曰平等能令持名者卽佛號而悟心性光明壽命同佛無異也

（解）復次由無量光義故衆生生極樂卽生十方見阿彌

陀佛。即見十方諸佛。能自度。即普利一切。

（講）此別明光義。承接上文由衆生心性有大智慧光明。橫徧十方無量光之義。故生極樂。即生十方。見彌陀。即見諸佛。能自度。即普利一切。自度謂斷自性之煩惱。度自性之衆生。十方一切衆生與我本來同體。故能自度。即是普利一切也。

（解）由無量壽義。故極樂人民。即是一生補處。皆定此生成佛。不至異生。

（講）此別明壽義。由衆生心性。有常住不變。豎窮三際。無量壽之義。故極樂人民生者。即是一生補處。以是最後身。圓證三不退。任運進趣佛果。故皆定此生成佛。不至異生。即二生也。

（解）當知離卻現前一念無量光壽之心。何處有阿彌陀名號。而離卻阿彌陀名號。何由徹證現前一念無量光壽之心。願深思之。願深思之。

(講)此結歸心性。勸人深思。導師證一念無量光壽之心性。故名阿彌陀。故曰離心無名號。離名號何由徹證無量光壽之心。是以叮囑應當起智觀察而知。即心即佛。願深思(即思慧)之。未可草草過去。初徵釋名號竟

丁二別釋主伴分二　戊初別釋　二結示　初又二　己初主　二伴　今初(此亦別釋序中今現在說法句)

經 舍利弗。阿彌陀佛成佛已來。於今十劫。

(解)此明極樂世界教主成就也。

(講)此別釋教主。極樂世界。以彌陀為教主。故曰主成就。即六成就之一。阿彌陀佛成佛。是證果。證果必由修因。彼佛之因。藏經中所載不一。今略

舉其八。一大本云。定光佛前。五十三佛。名世自在王佛時。有國王聞法出家。即法藏比丘。對佛發四十八願。願行圓滿。得成爲佛。今阿彌陀。即法藏比丘。所成之佛也。○二法華經云。大通智勝如來時。有十六王子出家。淨修梵行。勤求無上菩提。佛滅度後。常樂受持妙法華經。後悉成佛。今阿彌陀。即第九王子。所成之佛也。○三悲華經云。無量劫前。有轉輪王名無諍念。供養寶藏如來時。王發願。願成佛時。國中種種淸淨莊嚴。佛與授記。過恆沙劫。西方世界作佛。國名安樂。今阿彌陀。即無諍念轉輪王所成之佛也。○四大乘四等總持經云。無垢燄稱起王如來時。有淨命比丘。總持諸經。十四億部。隨衆生願樂。廣爲說法。今阿彌陀。即淨命比丘。所成之佛也○五賢劫經云。雲雷吼如來時。有王子名淨福報衆音。供養彼佛。發菩提心。上求下化。今阿彌陀。即淨福報衆音所成之佛也。○六賢劫經又云。金龍決光佛時。有法師名無限寶音行。力弘經法。今阿彌陀。即彼法師所成之佛也。○七觀佛三昧第九經云。空王佛時。有四比丘。煩惱覆心。空中教令觀佛。遂得念佛三昧。今阿彌陀。即彼第三比丘所成之佛也。○八如幻三摩地。無量印法門經云。師子遊戲金光如來時。有國王名勝威。尊重供養彼佛。修禪定行。今阿彌陀。即彼國王所成之佛也。阿彌陀因地修行多劫。因應無量。不能枚舉。

(解)然法身無成不成。不應論劫。報身因圓果滿名成。應身爲物示生名成。皆可論劫。

(講)此約事論三身。佛有三身。法身是本有。報應屬修成。法身無相。故無成與不成。不應論劫。報身因圓果滿名成者。依始覺智修因。以智斷惑。見思麤惑先斷。從眞出假。修二利行。斷塵沙惑。修中道觀。斷無明惑。此別教意。若一斷一切斷。此圓教意。惑淨智圓。始本合一。得根本智。成自受用報身。依根本智。起後得智。成他受用報身。故可名成。亦得論劫。應身爲物示生名成者。應身乃應衆生機而示現。衆生機緣未熟。佛不出世。物字指衆生言。若衆生機緣成熟。佛卽示現八相成道。故可名成。亦得論劫。

（解）又法身因修德顯。亦可論成論劫。報身別無新得。應身如月印川。亦無成與不成。不應論劫。

（講）此約理論三身。與上文互顯。文法妙極。法身因修德顯者。法身是三德中第一德。雖然本具。必因修德方顯。修德是三德中第二般若德。第三解脫德。法身雖然人人本有。若不假般若智德。解脫斷德。法身之性德。終不能顯。如金鑛雖具眞金。若無人知。不開採煅煉。金終不顯。必由了緣二因之功。正因方顯。故亦可論成論劫。

報身別無新得者。報身雖屬修成。以智斷惑。惑淨智圓。法身顯現。譬如磨鏡。垢盡明生。別無新得。但狂心若歇。歇卽菩提。勝淨明心。本周法界。非從外得也。

應身如月印川者。應身隨機應現。如一月在天。影印百川。古云。千江有水千江月。千月還是一月。攝應身不出法身。併上報身由法垂報。既法身無成不成。不應論劫。則報應亦然。

彌陀成佛以來。於今十劫。梵語劫波。此云時分。有小中大三種。人壽從十歲。過一百年增一歲。如是遞增。增到八萬四千歲。以後過一百年減一歲。如是遞減。減至十歲。一增一減爲一小劫。二十小劫爲一中劫。成住壞空四中劫爲一大劫。合有八十小劫。此約世界成壞爲一劫。彌陀成佛至今已經十劫。當依唐譯。是十大劫也。種種教化成就。故聲聞弟子。諸菩薩衆無量無邊。一生補處菩薩。其數甚多。

（解）諸佛成道。各有本迹。本地並不可測。且約極樂示成之迹而言。卽是三身一成一切成。亦是非成非不成。而論成也。

（講）十方諸佛成道。各各皆有本迹。本者最初成等正覺爲本。迹者今生應化事迹爲迹。如法華經如來壽量品。釋迦自謂塵點劫前早已成佛。此本也。出釋氏宮。去伽耶城不遠。坐於道場。此迹也。彌勒是補處菩薩。尚不能測。一佛如是。佛佛皆然。故曰本地並不可測。

今彌陀且約極樂示現成佛之迹而言。非約本地而論。卽上文所謂一成一切成。亦卽是三身非成非不成而論成。此非偏論也。

（解）又佛壽無量。今僅十劫。則現在說法。時正未央。普勸三世衆生。速求往生。同佛壽命。一生成辦也。又下文無數聲聞菩薩。及與補處。皆十劫所成就。正顯十方三世。往生不退者。多且易也。

(講)此明佛壽無量。今僅纔也十劫。則現在說法。時正未央盡也。經云佛世甚難值。今既彌陀住世。壽命無量。故普勸三世衆生。速求往生。面奉慈容親聞妙法。同佛壽命。依佛修證。一生可以成辦道果。如下文無數聲聞菩薩及與補處。皆彌陀十劫中。教化之所成就也。正顯十方三世。往生不退者。多且易也。我等曷不一心念佛。求生淨土。親覲無量壽如來也。初主竟

己二伴

經又舍利弗。彼佛有量無邊聲聞弟子。皆阿羅漢。非是算數之所能知。諸菩薩衆。亦復如是。

(解)他方定性二乘。不得生彼。若先習小行。臨終回向菩提。發大誓願者。生彼國。已。佛順機說法。令斷見思。故名羅漢。如別教七住。斷見思之類。非實聲聞也。

(講)此明非實聲聞。經云。彼佛有無量無邊聲聞弟子。名同小乘。皆是回心大阿羅。非是實行聲聞。因他方定性二乘。不得生彼佛土。定性者。卽小乘實行聲聞。志意下劣。得少爲足。但證人空。未得法空。遂沉空滯寂。保果不前者。中乘辟支。亦復如是。故名定性二乘。極樂純大乘機。故他方小機皆不得生。

若生前先習小乘之行。臨終之時。回向無上菩提。發大誓願。求生極樂。常隨佛學。上求佛道。下度衆生。此卽回小向大。得生彼國。生彼國已。佛順機而爲說法。令先斷見思煩惱。故名羅漢。非定性之類。乃回心大阿羅漢。如別教獨菩薩法七住。亦但斷見思之類。非實行聲聞也。

(解)蓋藏通二教不聞他方佛名。今聞彌陀名號。信願往生。總屬別圓二教所攝機矣。

(講)此明實是菩薩。蓋藏通二教不聞他方佛名者。佛對彼二教不說他方事。故不得聞也。今聞佛說。從是西方過十萬億佛土。有世界名曰極樂。其土有佛號阿彌陀。今現在說法。由此信願往生。定非藏通二教之機。故斷定總屬別圓二教所攝菩薩機矣。

正文云。諸菩薩衆。亦復如是者。謂彼佛不獨聲聞之衆無量無邊。而諸菩薩亦非算數之所能知。菩薩之數難知。菩薩之功德。亦復無盡。大本佛讚彼國菩薩功德。爲二十三喻。一智慧深廣。猶如大海。二三昧不動。如須彌山。三慧光明淨。超踰日光。四淨法滿足。猶如雪山。五平等如地。好惡普載。

六清淨如水。洗諸塵垢。七猶如火王。燒煩惱薪。八如風行世。普徧無礙。九猶如虛空。一切無著。十淨如蓮華。無有染汚。十一猶如大乘。廣能運載。十二如震法雷。警覺未覺。十三如雨甘露。滋潤衆生。十四如金剛山。魔外不動。十五如梵天王。諸善最上。十六如大樹王。普覆一切。十七如優曇華。希有難遇。十八如金翅鳥。威伏外道。十九如衆遊禽。無所藏積。二十猶如牛王。無能勝故。二十一如大象王。善調伏故。二十二如師子王。無所畏故。二十三曠若虛空。大慈等故。末復結云。我但爲汝略言之耳。若廣說者。百千萬劫。不能窮盡。二伴竟。合上初別釋竟。

戊二結示

經舍利弗。彼佛國土。成就如是功德莊嚴。

(解)佛。及聲聞菩薩。並是彌陀因中願行所成。亦是果上

一成一切成是則佛菩薩聲聞各各非自非他自他不二故云成就如是功德莊嚴

(講)此處正文與前全同其義與前不一前乃成就依報莊嚴此乃成就正報莊嚴化主以光壽無量爲莊嚴化伴聲聞皆是回心大阿羅漢菩薩具諸功德其數無量無邊非是筭數所知爲莊嚴佛及聲聞菩薩若主若伴並是彌陀因中願行所成

願所成者大本法藏願云我作佛時光明照無央數天下幽冥之處皆當大明諸天人民以及蜎蠕見我光明莫不慈心作善來生我國此光明隨願所成也○又法藏第十三願云設我得佛壽命有限量下至百千億那由他劫者不取正覺此壽命亦隨願所成也○又大本云假使比丘滿億那由他百千數量皆同目犍連神通欲共計算彼佛初會聲聞盡其神通

百分中不能知一。○又云我作佛時。刹中菩薩。神通。智慧。辯才。相好。威神。悉皆如佛。今來成佛。得隨所願。

行所成者。大本云。爾時法藏教化衆生。修行六度。廣行教化無量衆生發菩提心。行今成就。有斯莊嚴。皆以願行之因。爲能莊嚴。光壽無量。化伴無數之果。爲所莊嚴。故曰並是彌陀願行所成。

亦是果上一成一切成者。果者。對因而言。因中由法藏願行無礙之因。成就彌陀無礙之果。果上種智。一現一切皆現。現成化主光壽無量之莊嚴。化伴算數難知之莊嚴。○復由衆生心性無礙之因。成就羅漢菩薩無礙之果。果上唯識。一變一切皆變。變起自他影像。互相成就。

是則佛菩薩聲聞。各各非自非他者。自是他心中之自。則自卽非自。他是自心中之他。則他亦非他。○自他不二者。卽生佛不二也。聲聞菩薩。乃彌陀心內之衆生。彌陀乃聲聞菩薩。心內之佛。佛心內衆生。全生卽佛。衆生

心內之佛。全佛卽生生佛。一體。自他不二。惟是現前一念心性。成就如是功德莊嚴

（解）能令信願持名者。念念亦如是成就也。（上重重無盡。總歸於一聲名號）初廣陳彼土依正妙果以啓信竟。

（講）上約已成。此約今成。當成。今成者。卽現今念念成就。當成者。卽當來亦如是成就。今成當成。皆依已成之彼土。依正妙果爲本質境。作增上緣。能令我等信願持名之衆生。信亦念念如是信。願亦念念如是願。持亦念念如是持。自然無量莊嚴。亦必念念如是成就。若今成。若當成。皆如已成者。如是成就也。二正報妙竟。大科初廣陳彼土依正妙果以啓信竟（此科關係極大）

乙二特勸衆生應求往生以發願分二　丙初揭示無上因緣　二特勸淨土殊勝

（解）謂帶業往生。橫出三界。同居橫具四土。開顯四教法輪。衆生圓淨四土。圓見三身。圓證三不退。人民皆一生成佛。如是等勝異超絕。然全在此二科點示。須諦研之。

（講）此二科。乃發揮一經不可思議之力用。承前既聞極樂依正莊嚴。而生深信。自應依信發願。謂淨土法門。帶業可以往生。橫出三界生死。此爲一切法門所未有。於同居淨土。即能橫具上三土。開顯四教法輪。（如前說）一生同居。即與諸上善人俱會一處。即已橫生上三土。是謂圓淨四土。自可圓見三身。圓證三不退。一生補處菩薩甚多。即是一生可以成佛。此等殊勝奇異超絕無比之法門。全在此二科點示。蕅公恐人忽略。故婆心特切叮囑須諦研之。

丙初揭示無上因緣

（經）又舍利弗。極樂國土衆生（總）。生（彼土）者。皆是（三種）阿鞞致其

三不退　中多有一生補處。其數甚多。非是算數所能知之。但可以無量無邊阿僧祇說

（解）阿鞞跋致。此云不退。一位不退入聖流。不墮凡地。二行不退。恆度生。不墮二乘地。三念不退。心心流入薩婆若海。

（講）此正明三種不退。彼土衆生。無論上中下品。但得往生者。一概皆是阿鞞跋致。此云不退。一位不退。入聖流不墮凡地者。謂即得預入聖人之流類。不退墮凡夫地。○二行不退。恆度生。不墮二乘地者。謂能修大乘行。恆常度生。不墮二乘地。不肯涉俗利生。○三念不退。心心流入薩婆若海者。謂雙捨二邊。（有邊空邊）全歸中道。心心流入薩婆若海。此云一切種智海。即如來果海也。

（解）若約此土。藏初果。通見地。別初住。圓初信。名位不退。通菩薩。別十向。圓十信。名行不退。別初地。圓初住。名念不退。

（講）此豎論三種不退位次。若約此娑婆世界。藏教初果名須陀洹。此云入流。謂預入聖人之流也。通見地。乃通教第四地。見眞諦理。故名見地。別初住。乃初發心住。圓初信。乃圓教十信初心。此皆此土證位不退之位次。○若論行不退。藏教則以二乘不修大乘行。故無此位。通教菩薩。乃第九菩薩地。九地以前。還有退。別十向。卽別教十回向位。前十行。未能全不退。圓十信。乃圓教八至十信八位。以前還有退也。此皆此土證行不退之位次。○若論念不退。藏通二教。皆無此位。以不破無明。不證法身。故別教要到初歡喜地。圓教要到初發心住。方破一品無明。方證一分法身。方得念念流入薩婆若海也。足見行念二三不退之難證矣。

(解)今淨土五逆十惡。十念成就。帶業往生。居下下品者。皆得三不退也。

(講)此點示圓證勝異。即此經不思議之力用。今淨土法門。乃至具足五逆十惡之衆生。但要臨終十念功成。亦得帶業往生。雖居下下品位者。亦得圓證三種不退。此種殊勝奇異。功能力用。爲其他法門所未有。豈思議所能及哉。

五逆者。一出佛身血。二弒(音試殺也)阿羅漢。三弒父。四弒母。五破(破壞)和合僧。十惡者。身殺盜淫。口妄言綺語惡口兩舌。意貪瞋癡。五逆十惡。極重之罪。爲地獄之因。十六觀經下品往生章云。或有衆生。作不善業。五逆十惡。具諸不善。如此愚人。以惡業故。應墮惡道。經歷多劫。受苦無窮。如此愚人臨命終時。遇善知識。勸令念佛。如是至心。令聲不絕。具足十念。於念念中。能滅八十億劫。生死之罪。命終之時。見金蓮華。猶如日輪。住其人前。於一念頃。卽得往生極樂世界○此卽十念成就帶業往生。雖居下下品。皆與補處菩薩俱。卽是圓證三不退。圓見三身。一生可以圓成佛果也。此種勝異。惟淨宗所獨有。故特點示。

淨土帶業往生。人多懷疑。昔有國王。問那先和尚云。念佛帶業往生。是事難信。那先對曰。大王。巨石置水沉否。王曰。必沉。先又曰。要令不沉。其可得乎。王曰。不可。先又曰。若以巨石置巨船上。不亦可乎。王忽然領悟。若仗他力。自可不沉。念佛衆生。同仗彌陀大願船之力。何難出離苦海。同赴樂邦蓮池會耶。

（解）然據教道。若是凡夫。則非初果等。若是二乘。則非菩薩等。若是異生。則非同生性等。又念不退。非復異生。行不退。非僅見道位不退。非是人民躐等。則成大妄。進步則捨。故稱。

(講)此文進退雙明。教道不亂。教中位次分明。絲毫不容紊亂。若是具足煩惱之凡夫。自然不是初果見道位之聖人。若是但求自利之二乘。自然不是自他兩利。常恆度生之菩薩。若是異生性之三賢。未破無明。未證法身。不與如來體同名異。生性自然不是破無明證法身同生性之菩薩等。此是下位未可躐等。超越也上位未得謂得。未證謂證。成大妄語。不可。又念不退菩薩。已得同生性。非復異生性。行不退菩薩已發大心。非僅見道之小果位。不退聖人。非是具足煩惱之人民。此是上位未可仍稱下名。既已進步。而獲新證。則捨故稱。如登初地。則捨三賢之故名等。

(解)惟極樂同居。一切俱非。一切俱是。

(講)此點示圓超絕待。惟是極樂同居淨土人民。約依正二報而論。悉皆超絕。一切俱非是圓超。一切俱是乃絕待。(絕諸對待。無有分別。故俱是。)一切俱非俱是者。以與佛同體。本來是佛。圓證三不退。故非凡夫。非二乘。非菩薩。以五住煩惱未盡。二種生死未了。故非是佛。此俱非義也。又具足煩惱。是凡夫。宿種已熟。見思麤垢已落。是二乘。已回小向大。恆度衆生。是菩薩。往生淨土是最後身。一生成佛。故是佛。此俱是義也。如下文云。若謂是凡夫。卻不歷異生。必補佛職。若謂是一生補處。卻可名凡夫。是爲不思議之妙門也。

極樂淨宗。如此如此。

(解)十方佛土。無此名相。無此階位。無此法門。非心性之極致。持名之奇勳。彌陀之大願。何以有此。

(講)此承上文所點示之勝異超絕。乃結歸三種不思議。因謂十方無此等勝異超絕之名相階位法門唯極樂獨有○心性之極致者此論心要以心性平等一相即非凡夫二乘菩薩佛種種名相階位是名凡夫二乘菩薩佛差別名相階位此等名相階位皆稱性緣起故曰極致○持名之奇勳者此論境要以一句佛號爲境佛號稱性不可思議以持名之奇勳功也所感果報亦不可思議○彌陀之大願此論法門要以導師因中所發四八之大願莊嚴極樂之依正故得同居橫具上三土凡夫圓證三不退心性之上非字對末句乃反顯若非三要不思議之力用何以有此

(解)一生補處者只一生補佛位如彌勒觀音等極樂人民普皆一生成佛人人必實證補處故其中多有此等上善不可數知

(講)上釋不退此釋補處一生補處即前文圓證三不退之別名只一生

補佛位者。只此蓮華化生之身。是最後身。一生精進。卽補佛位。如此土之彌勒。在兜率內院。候補作佛。極樂之觀音。彌陀正法滅盡。卽補佛位。非只觀音一人。極樂人民。普皆一生成佛。人人壽命無量。必實證補處。故其中多有此等上善菩薩。其數甚多。非是算數所知。但可總說無量無邊阿僧祇也。

(解)復次釋迦一代時教。惟華嚴明一生圓滿。而一生圓滿之因。則末後普賢行願品中。十大願王。導歸安養。且以此勸進華藏海衆。

(講)此亦點示勝異超絕也。釋迦如來一代時教。卽說法四十九年。天台判爲五時八教。故稱一代時教。其中所說諸經。惟華嚴一經。明一生圓滿成佛之因。此指善財童子。五十三參。初參文殊菩薩。得根本智。後參五十二員善知識。得差別智。而一生圓滿之因。以最後參普賢菩薩。行願品中。以十大願王。（一者禮敬諸佛。二者稱讚如來。乃至十者普皆回向。）導歸安養。（即極樂世界。又名安養國。）圓滿一生成佛之因。此經非獨勸善財一人。乃華藏海衆。同聞共稟。以前九願所積功德。於第十願。普皆回向。求生淨土。疾趣菩提。故曰且以此淨土法門。勸進華嚴海會一切聖衆。若宏華嚴。而不信淨土者。恐於普賢行願品十大願王。導歸安養之旨。而未深思也。

行願品偈云。願我臨欲命終時。盡除一切諸障礙。面見彼佛阿彌陀。即得往生安樂剎。我既往生彼國已。現前成就諸大願。一切圓滿盡無餘。利樂一切衆生界。彼佛衆會咸清淨。我時於勝蓮華生。親覩如來無量光。現前授我菩提記。蒙彼如來授記已。化身無數百俱胝。智力廣大徧十方。普利一切衆生界。此偈即導歸安養之鐵證也。華嚴一生成佛。惟有善財。此經則一生補處。非是算數之所能知。其勝異超絕。爲何如耶。

(解)嗟乎。凡夫例登補處。奇倡極談。不可測度。華嚴所稟。卻在此經。而天下古今。信尠疑多。辭繁義蝕。余唯有剖心瀝血而已。

(講)嗟乎。是慨嘆辭。凡夫例登補處者。謂同居土凡夫。比例實報土補處菩薩。下下與上上同一例。而無異也。此爲他經他土所未有。故爲奇特之倡。極妙之談。乃爲法門大事因緣。不可測度。故六方諸佛。云稱讚不可思議功德一切諸佛所護念經者以此。◎華嚴海衆所稟。一生成佛之旨。末後導歸安養者。卻在此經。而天下古今。信之者尠(少也)而疑之者多也。如華嚴合論。尚云西方是權。華藏是實等言。辭既繁(多也)將凡夫例登補處念念即佛之義。遂蝕(缺也)余蕅公自稱。唯有剖心瀝血而已者。謂此種無上大因緣。既是信少疑多。余唯剖(以刀剖開也)心瀝(滴也)血。而昭告於人而已。

故此解字字皆瀝公心血也。可不信歟。初揭示無上因緣竟。

丙特勸淨土殊勝

經 舍利弗。（如上無上大事因緣）衆生（幸得）聞者。應當發願。願生彼國。所以者何。得與如是（不可算數一生補處）諸上善人。俱會一處。

（解）前羅漢菩薩。但可云善人。唯補處居因位之極。故云上。其數甚多。故云諸。

（講）此特勸衆生應求往生。以發願故。重呼當機。告以如上一生成佛無上大事因緣。衆生幸而得聞。必宜深信。既已深信。若不發願。亦復無益。如人深信飯可養身。若不想喫。何能滋養。故如來苦口悲心。殷殷垂勸。應當發願。願生彼國。願之爲力。不可思議。極樂淨土。亦由法藏願力所成。臨終往生。全仗願力。行願品云。是人欲臨命終時。一切諸根。悉皆敗壞。以致親屬威勢象馬珍寶等悉皆散滅惟有願王不相捨離一切時中引導其前一刹那間即得往生極樂世界觀此則發願求生自屬當務之急非願無以導行也

所以者何下乃徵釋發願所以徵有二意一娑婆亦屬佛國何爲勸其捨此趣彼二十方無量佛國何必勸其定求極樂

得與如是下出其勸願之意得與如是補處菩薩諸上善人俱會一處也前羅漢菩薩但可云善人唯補處居因位之極與妙覺佛位相鄰乃可稱上善人得與同會一處所謂觀音勢至把手共行文殊普賢親爲勝友則薰陶有自成佛無難可不願生歟

（解）俱會一處猶言凡聖同居尋常由實聖過去有漏業權聖大慈悲願故凡夫得與聖人同居至實聖灰身權

聖機盡。便升沉碩異。苦樂懸殊。乃暫(石火電光)同非究竟同也。又天壤之間。見聞者少。幸獲見聞。親近步趨者少。

(講)俱會一處。即是凡夫與聖人同居一處。進求佛果。故曰猶言凡聖同居。尋常指普通佛前佛後而言。實聖有漏業者。謂實行現證初二三果之聖人。見道所斷之惑雖除。修道所斷之惑未盡。故曰有漏業。權聖大慈悲願者。即上三士之聖人。權巧方便。示現受生。則由大慈悲願力。有欲饒益衆生。如觀音三十二應。示現界內外身。故凡夫得與聖人同居

至實聖灰身者。初二三果斷思惑盡。證阿羅漢果。則有漏之業既盡。凡情亦空。灰身泯智。不受後有(不經中有身。不受來生後有果報。)權聖機盡者。大權示現之聖應機出世。機緣既盡。所應度者。皆已度畢。大願亦滿。感(屬機)應(指聖)道息。即機薪既盡。應火亦滅。便升沉碩(大也)異。苦樂懸(遠也)殊。升指權聖。實報

寂光樂。沉謂實聖。沉空滯寂。苦現前同居。乃暫同。如石火電光。非究竟同。又天壤（地也）下。明天上人間。天謂四禪天中。五不還天。壤謂人間名山聖道場地。見聞者少。如楞嚴經云。此不還天。彼諸四禪。四位天王。獨有欽聞。不能知見。如今世間曠野深山。聖道場地。皆阿羅漢所住持故。（如天台山五百羅漢所居。雁蕩山萬羅漢所居等。）世間麤人。所不能見。幸獲見聞親近步趨者少。如此生有幸獲見獲聞。如文喜禪師之見文殊。閭邱胤之見豐干。（彌陀應世）雖得一時親近。而得同居一處。亦步亦趨。不相遠離者亦少。

(解)又佛世聖人。縱多。如珍。如瑞。不能徧滿國土。如衆星微塵。又居雖同。而所作所辦。則迥不同。

(講)上明佛前佛後。此明佛世。輔揚佛化之聖人。縱使是多。亦不過如珍寶之罕。如祥瑞之奇。總不能徧滿國土。如衆星羅列普天。如微塵飛揚世界也。又居雖同而所作所辦不同。不能如極樂世界上善俱會作辦皆同也。

（解）今以無漏不思議業（多善根福德因緣）。感生俱會（得生彼國）。一處。爲師友。如壎如篪。同盡無明。同登妙覺。

（講）此明勝異。凡往生極樂者。同以無漏不思業（見前解）爲能感得生彼國與諸上善人俱會一處。以爲師友。竟如兄弟不相捨離。壎篪是樂器名。詩云。伯氏（兄）吹壎。仲氏（弟）吹篪。和諧叶奏。喻諸善俱會。作辦皆同。此即勝異前文作辦不同。不得亦步亦趨也。

同盡無明者。即圓斷五住之惑。由圓證三不退。圓淨四土。同登妙覺極果。一生成佛。圓證三身。圓顯四智。一切力用自在其中。其勝異爲何如耶。

(解)是則下凡衆生。於念不退中。超盡四十一因位者。謂是凡夫。卻不歷異生。必補佛職。與觀音勢至無別。若謂是一生補處。卻可名凡夫。不可名等覺菩薩。(方是極樂)此皆教網(淨宗)所不能收。剎網所不能例。

(講)此明超絕。即頓超佛地。絕待無比。是則淨土衆生。即下凡帶業往生者。(如五逆十惡之類)一生彼國。圓證三不退。於念不退中。即能超盡四十一因位。此等衆生。非凡非聖。若謂是凡夫。卻不歷異生。(不必經歷第二生)一生必補佛職。(佛之職位)與觀世音大勢至無二無別。故非凡。若謂是一生補處菩薩。卻可名凡夫。不可名等覺菩薩。故非聖。而又即凡即聖也。

此皆教網所不能收。剎網所不能例者。佛所說之教法。門無量。猶如網孔之多。故曰教網。撈摝有情。故一切教中。皆無此等名相。此等階位。是謂所不能收十方佛剎之多亦如網孔故曰剎網諸佛剎中亦皆無此名相無此階位無此同居不能與極樂同一例也是謂所不能例方見淨土法門極樂同居超絕無有倫匹也

（解）當知吾人大事因緣同居一關最難透脫唯極樂同居超出十方同居之外了此方能深信彌陀願力信佛力方能深信名號功德信持名方能深信吾人心性本不可思議也

（講）此結顯三不思議勸人當知不可或昧大事因緣者開示悟入佛之知見此爲諸佛出世大事因緣了脫生死疾趣菩提此爲吾人成佛大事因緣同居一關卽凡聖同居土見思之惑難斷分段生死難出故以關名最難透脫也唯極樂同居圓具上三土圓證三不退故能圓斷諸惑一生

圓成佛道。超出十方同居之外。

了此者。即了悟極樂同居。乃彌陀種智所現。念佛淨業所感。吾人心性所現。故曰了此方能深信彌陀願力。（彼土同居。乃彌陀願力所成故。）信佛力方能深信名號功德。（但持佛名。能淨三業。仗承名號功德。感生彼土同居。）信持名方能深信吾人心性本不可思議。以不思議心。持不思議名號。生彌陀願力所成不思議同居。是謂三不思議也。

（解）具此深信。方能發於大願。文中應當二字。即指深信。深信發願。即無上菩提。合此信願。即為淨土指南。由此執持名號。乃為正行。

（講）具足三種深信。信以導願。故方能發於大願。願橫超生死。一生成佛。其願故大。既具深信。復發大願。即發無上菩提心也。合此信願二者。為慧行。慧行。即往生淨土之指南針。由此信願。方能執持名號。即由慧行而起行。行二行並進。乃為淨業之正行。自可感生淨土。

(解)若信願堅固。臨終十念一念。亦決得生。若無信願。縱將名號持至風吹不入。雨打不溼。如銅牆鐵壁相似。亦無得生之理。修淨業者。不可不知也。大本阿彌陀經亦以發菩提心為要。正與此同。

世有此一輩。以持名礙捨妄想。不知求生。故為極力道破。

(講)此明信願為重。若使信願能得堅固。雖臨命終時。只十念或一念。亦決定得生淨土。何以故。因彼念力堅固。一心不雜不亂。加信願二堅固力。會三力於一時。收成功於片刻。如張善和。一生殺牛為業。臨命終時。業報現前。羣牛競來索命。要其妻請僧救度。妻請一僧來。謂曰。汝殺業太重。惟有一心稱念阿彌陀佛名號。仗承佛力。方可得救。善和求救心切。一心念佛念得數聲。曰牛去矣。要妻點香與他。一手擎香。連聲稱念。少頃云。佛來了。僧勸再念。不久含笑而終。此即臨終念佛往生之證。惟是此事不可誤會。倘若以為臨終十念。一念決定得生淨土。且待到臨終再發心念。何必早早念也。若作如是思想。必定要自誤。何以故。臨終時衆苦逼迫。神識昏昧。多不能念佛。如張善和。雖今生業重。前世善根不少。故得遇善知識教以念佛法門。神識不昏。而能稱念。亦善根之力。與信願行三力。及以佛力。故得帶業往生。惟望及早念佛。信願行三種資糧。早辦為要。

若無信願。縱使念佛。將一聲佛號。持得綿綿密密。風吹不入。雨打不溼。如銅牆鐵壁相似。美則美矣。亦無得生淨土之理。何以故。以不信西方。不願求生。故不得生。如人於海中。駕一舟。開足機器。若不想到西方。決不能到。念佛不願生淨土之人。如問他子念佛何為。答曰。修修來世。此人臨終一定不得往生。轉生人間受福。福中作業。仍要墮落。修淨業者。不可不知信願爲往生之慧行。不可不重也。

大本阿彌陀經。亦以發菩提願爲要者。菩提願。即四弘誓願。一衆生無邊誓願度。求生淨土。正欲度生。行願品偈云。我既往生彼國已。現前成就諸大願。一切圓滿盡無餘。利樂一切衆生界。二煩惱無盡誓願斷。若不求生淨土。見思尚不易斷。況塵沙無明乎。三法門無量誓願學。求生淨土。諸善俱會。則觀摩有自。可以廣學法門。四佛道無上誓願成。求生淨土。可以橫出生死。圓證三不退。一生成佛。發菩提願。正與此信願相同。二特勸衆生應求往生以發願竟。

乙三正示行者執持名號以立行分二　丙初正示無上因果　二重勸

【經】舍利弗。不可以少善根福德因緣。得生彼國。舍利弗。若

有善男子善女人聞說阿彌陀佛執持名號若一日若二日若三日若四日若五日若六日若七日一心不亂

(解)菩提正道名善根即親因種種助道施戒禪等名福德即助緣聲聞獨覺菩提善根少人天有漏福業福德少皆不可生淨土惟以信願執持名號則一一聲悉具多善根福德散心稱名福善亦不可量况一心不亂哉

(講)此文初正釋善根福德聲聞下別明得生不得生菩提正道名善根者菩提二字通因徹果因中發菩提心而修持名念佛之正行爲菩提正道名善根即親因因者種義爲成菩提果之種子種種助道乃助成正道之法如布施持戒禪定等諸度名福德即助緣助成種子生根發苗開花

結果。

聲聞獨覺。菩提善根少者。因但求己利。得少爲足。不發菩提心。故善根少。人天有漏福業。福德少者。因修諸度。但求人天福樂。未了無爲。未得無漏。故福德少。皆不得生淨土。故曰不可以少善根因福德緣因緣得生彼國。唯以下明得生所以。欲生彼國。須具信願行三種資糧。信願執持名號。卽是三資糧。信吾人心性。不可思議。西方依正。種種莊嚴。不出吾人心外。由是立大誓願。願求生彼國土。發菩提心。執持名號。正修淨業。兼修諸度。以萬善莊嚴淨土。是爲多善根多福德。如是念佛。則一一聲中。悉具多善根福德。無上大因緣也。卽散心稱名。福善亦不可量。何況一心不亂。其福善豈可得而思議哉。

釋。持名念佛。爲善中善。故多善根。福中福。故多福德。此理人多不信。當爲證何爲善中善。以發菩提心念佛。具足智度論五菩提心故。○一發心菩提。謂於無量生死中。發大菩提心也。而持名正於凡夫生死心中發菩提心。求出生死。求生彼國。自度度人故。○二伏心菩提。謂斷諸煩惱降伏其心也。而持名。則正念纔彰。煩惱自滅故。○三明心菩提。謂明了諸法不外一心也。而持名。則了知一念相應一念佛。念念相應念念佛故。○四出到菩提。謂得無生忍。出離三界。到薩婆若（此云一切種智。即佛果也。）也。而持名。即得一二三忍。捷超生死。趨一切智故。○五無上菩提。謂坐大道場。成最正覺也。而持名。則圓證三不退。直至成佛故。是謂善中之善。爲多善也。

何謂福中福。以彌陀名號。具足萬德。而持名念佛。如蓮池大師所云。舉其名兮兼衆德以俱備。專乎持也。統百行以無遺。則一心念佛。百行齊修。是謂福中之福。爲多福也。

問持名念佛。即爲多善根多福德。有何聖教爲證。答大悲經云。一稱佛名。

以是善根入涅槃界不可窮盡稱揚諸佛功德經云若有得聞無量壽名者一心持諷誦念此人當得無量之福永離三途命終之後往生彼國此二經卽多善多福之明證也。

（解）故使感應道交文成印壞彌陀聖衆不來而來親垂接引行人心識不往而往託質寶蓮也。

（講）承上多善多福之故而使因果相契感應道交以三資之因爲能感以九品之果爲能應文成印壞者出涅槃經譬如蠟印印泥印與泥合印滅文成此以銅鑄像像文成則蠟模印壞以喻念佛行人臨終往生則淨土文成娑婆印壞在於一念彌陀衆聖不來而來親垂接引者佛聖乃衆生心內之佛聖故不來此約眞如門而來親垂接引此約生滅門眞如隨緣顯現○行人心識不往而

往。託質寶蓮者。行人心識之體。本來周徧法界。故不往。循不思議業。現不思議事。故而往。託質寶蓮也。古德往生偈云「身在華中佛現前。佛光來照紫金蓮。身隨我佛往生去。無去無來事宛然。」以上總釋無上因果

（解）善男女者。不論出家在家。貴賤老少。六趣四生。但聞佛名。即多劫善根成熟。五逆十惡。皆名善也。阿彌陀佛是萬德洪名。（圓極語）以名召德。罄無不盡。故即以執持名號。為正行。不必更涉觀想參究等行。至簡易至直捷也。

（講）此別明能持所持。善男女為能持人。不論出家在家。貴賤老少。乃至六趣（天人阿脩羅地獄餓鬼畜生）。四生（胎卵溼化）。但得聞佛名。即多劫善根。方能得聞。若無善根。佛名永不得聞。聞佛名。即使五逆十惡。皆名善也。

阿彌陀佛。為所持佛名。此名具足萬德。故曰是萬德洪（大也）名。以名呼召

佛德。罄無不盡。蓮池大師云。舉其名兼衆德而俱備何止光壽無量也。故即以執持彌陀名號以爲修行之正行不必更涉及觀想參究等行但持一句洪名至簡至易。一教便會。一心受持。便得往生。至極直捷也。

(解)聞而信。信而願。乃肯執持。行也 不信不願。與不聞等。雖爲遠因。不名聞慧。

(講)此別明聞慧。聞而信願。乃肯立行。具足三資。方名聞慧。若不信不願。正行無由而立。與不聞無異。雖佛號一歷耳根。堪爲道種。但成遠因。不得名爲聞慧也。

(解)執持則念念憶佛名號。故是思慧。然有事持理持。可訂久譌。

(講)此別明思慧。執持則念念思憶佛之名號。淨念相繼。無有間斷。故是思慧。然執持有事持理持。淺深不等。旁注可訂久譌者。訂爲訂正。久譌指有人解釋執持名號。一心不亂等。不按教觀。故爲謬。今大師爲之訂正。

(解)事持者。信有西方阿彌陀佛。而未達是心作佛。是心是佛。但以決志願求生。故如子憶母。無時暫忘。

(講)此釋事持。深信西方實有極樂世界。阿彌陀佛現在說法。未達心佛不二之理。是心作佛者。是事造之佛。是心是佛者。是理具之佛。理具事造皆不出吾人一念不可思議心性之外。未明斯理。不達他佛全是自心。自心全是他佛。彌陀即我心。我心即彌陀。但以信佛之故。決志願求生彼國土。執持名號。執受在懷。持守不失。念茲在茲。無有間斷。喻如兒子憶念慈母。無時暫忘。此即思慧。但是事持。

(解)理持者。信西方阿彌陀佛。是我心具。是我心造。即以自心所具所造洪名。爲繫心之境。(仍不廢事)令不暫忘也。

(講)此釋理持。理不離事。卽由事持。而能達理。便是理持。了達所信西方阿彌陀佛。卽是我心理具。卽是我心事造。卽以自心理具事造萬德洪名。以爲繫心之境。以心緣境。以境繫心。心境不相捨離。令不暫時或忘。悟明全境是心。全心卽境。心境一如。能所不二。此亦思慧。卽是理持。

(解)一日至七日者。剋期辦事也。利根一日卽不亂。鈍根七日方不亂。中根二三四五六日不定。此初學要期之法。下根則有若干七日。亦是隨樂剋期之法。

(講)此別明修慧。先明七日剋期。一日至七日者。乃剋定期限。以辦生死大事也。念佛三昧得成。卽生死大事所作已辦。何以故。一心不亂。卽念佛三昧此云正定功成。不亂卽正定也。七之爲數。世間所重。故齋戒則定七日。持咒則定七徧。薦親則定七七。今念佛亦定七日。以驗根機之利鈍。而分三昧之淺深。

利根一日卽不亂者。根機靈利。天性敏捷。於尅期取證中。纔經一日念佛之功。卽得一心不亂。非謂受持念佛法門第一日。乃謂平時或散或定。不得一心。於尅期取證中。勇猛精進一日。念佛三昧功成也◯鈍根要經七日精進。方得不亂。中根或二日三日四五六日不定。此亦大略分之

又利根者。志性堅固。平日工夫純熟。於尅期辦事中。萬緣放下。一念精專。能經七日。皆得一心不亂。安住三昧之中◯鈍根者。於尅期七日。僅得一日不亂。中根或能經六日五日四三二日。而能一心不亂。亦不一概

以上乃據本經而言。其他諸部。尅期念佛。長短不定。大本則定十日。文云。齋戒清淨。一心常念。十晝夜不絕者。命終必生我剎。此文似指在家之衆。若於尅期之中。齋戒清淨。一心常念十日。亦得往生◯又鼓音王經。亦定十日。文云。若受持彼佛名號。堅固其心。憶念不忘。十日十夜。除捨散亂。必得見彼阿彌陀佛◯大集經。定四十九日。文云。若人專念一方佛。或行或

坐。至七七日。現身（現生之身）即得往生。○又般舟三昧經。定九十日。文云。若人自誓九十日中。常行常立。一心繫念於三昧中。得見阿彌陀佛。○又文殊般若經。亦定九旬。文云。九十日端坐西向。專念於佛。即成三昧。此與般舟尅期雖同。行法全異。彼則半行半立。此則全坐也。

如上所引。皆以念佛功深。淨業成就。然彌陀悲願難量。即一日或十念稱名者。亦皆願垂接引也。大本法藏願云。一心繫念於我。雖止一晝夜不斷必生我剎。○若世俗之人。俗務不能擺脫。未得處於空閒。專念彼佛。但每日早晚。端身西向。念十口氣者。臨終亦得往生。總而言之。念佛之法。但能一心。不論時之久暫。皆得往生。惟品位高下之分矣。

（解）一心亦二種。不論事持理持（可訂久誦）。持至伏除煩惱。乃至見思先盡。皆事一心。不論事持理持。持至心開。見本性佛。

皆理一心事一心（字字引商刻羽）**不爲見思所亂理一心不爲二邊所亂即修慧也**

（講）此別明修慧念佛以一心不亂方爲極則方是眞修一心不亂者即純一其心專念彌陀三昧現前而不動亂不起妄念不落知解然有事一心理一心之別故曰一心亦二種

不論事持理持者事持如聞說念佛法門可以橫超三界帶業往生深信不疑一心繫念句句分明念念相續行住坐臥唯此一念更無二念即以一念而除衆念由未達理故曰事持

理持如聞說念佛法門一念相應一念佛念念相應念念佛深信不疑一心持念都攝六根淨念相繼念極而空了知能念心外無有佛爲我所念所念佛外無有心能念於佛能所雙忘心佛一體念而無念無念而念由

達理故。是曰理持。

持至伏除煩惱。乃至見思先盡。皆事一心者。念佛是圓頓修法。下事理二持。皆約圓教判。持名至圓五品位。伏見惑煩惱。至圓初信。除見惑煩惱。乃至二信至七信。思惑亦斷。爲見思先盡。此皆事一心也。○持至心開見本性佛。皆理一心者。由事持持至圓初住位。破一品無明。藏心開顯。藏心乃法身般若解脫三德。祕藏之心。此心向爲無明所覆。不得顯現。今念佛功深。能破一品無明。藏心開顯。卽證一分三德。可以親見本性法身佛。名理一心也。○事一心。我執亡。不爲見思所亂者。如念到事一心。則我執已亡。見思惑盡。故不爲見思所亂。理一心。法執盡。不爲二邊所亂者。若念到理一心。則法執已盡。無明亦破。雙捨空有二邊。全歸中道。故不爲二邊所亂。此一心不亂。乃爲修慧。

此中一心不亂。該括觀經三種心。一至誠心。無僞無妄。故此一心不亂。惟精惟一。更無僞妄。卽至誠心也。◯二深心。具足善法。故此一心不亂。諸妄不起。萬善同歸。卽深心也。◯三回向發願心。回向有三。一回向眞如。此一心不亂。念念旋元自歸。眞如實際。卽回向眞如。二回向佛道。此一心不亂。念念相應。念念佛。卽回向佛道。三回衆生。此一心不亂。自性衆生。悉皆得度。自行化他。卽回向衆生。合此三者。卽回向發願心也。

又卽起信論之三心。一直心。正念眞如。故此一心不亂。不落有念。（有佛處不得住）不落無念。（無佛處急走過）有無不着。全歸中道。卽直心正念眞如也。◯二深心。樂集諸善法。故此一心不亂。六度齊修。萬行具足。（那先經云。諸善之中。獨有一心最爲第一。一其心者。諸善隨之。）卽深心也。◯三大悲心。廣度諸衆生。故此一心不亂。三昧成就。教化衆生。卽大悲心也。以上持名妙行。具足信願行三資糧。聞思修三妙慧。是淨土眞因。下段臨終見佛接引往生。是念佛勝果。

經 其人臨命終時。阿彌陀佛。與諸聖衆。現在其前。是人終

時心不顛倒即得往生阿彌陀佛極樂國土

(解)不爲見思亂故感變化身佛及諸聖衆現前心不復起娑婆界中三有顛倒往生同居方便二種極樂世界

(講)其人卽事理二持一心不亂之人臨當壽命欲終之時能感佛聖現前者此乃以自力(淨業之力)爲能感之因他力(彌陀願力)爲能應之緣因緣具足感應道交也

楞嚴經大勢至圓通云憶佛念佛現前當來必定見佛此自力也大本法藏願云我作佛時十方無央數世界諸天人民有發菩提修諸功德願生我刹臨壽終時我與大衆現其人前此他力也

接引往生有二相上文聞思修三慧爲無上因此臨終佛現往生四土爲無上果不爲見思所亂承上生前念佛工夫若得事一心則臨命終時自

然不爲見思煩惱所亂。正念昭彰。如入禪定。與變化身佛及諸聖衆感應道交。現在其前。是人終時。心不復起娑婆界中欲有色有無色有三界內我執顛倒。若但伏我執。蒙佛接引往生極樂世界凡聖同居土。若我執已斷。蒙佛接引往生極樂世界方便有餘土。

(解)不爲二邊亂。故感受用身佛及諸聖衆現前。心不復起生死涅槃二見顛倒。往生實報寂光二種極樂世界。

(講)不爲二邊(有邊空邊)所亂。承上生前念佛工夫若得理一心。則臨命終時自然不爲二邊所亂。心佛一如。入三摩地。與受用身佛及諸聖衆感應道交。現在其前。是人終時。心不復起生死(有邊)涅槃(空邊)二見顛倒。若無明分破(四十二品無明。隨分而破。未盡。)蒙佛接引往生極樂世界實報莊嚴土。○若(四十二品)無明破盡。蒙佛接引往生極樂世界常寂光淨土。

大凡人到臨終。是爲生死關頭。死逆生順。二習相交。一生所作善惡俱時頓現。作善現善境界。作惡現惡境界。如念佛之人。則現西方勝境及佛聖接引之境。身無痛苦。先從下身冷起。漸漸冷上。至身都冷。而頂門未冷。此即往生之驗。往生之人。第八識從頂門而出。識離即冷。古偈云。佛頂眼生天。人心餓鬼腹。旁生在兩膝。地獄脚板出。即得往生。不經中陰。不踰頃刻。一念之間。生極樂國。託質寶蓮。自然化生。不由胞胎。不假乳養。得淸虛之身。相好具足。純丈夫相。隨功行之淺深。分品位之高下。故有四土之分。

(解)當知執持名號。既簡易直捷。仍至頓至圓。以念念即佛故。不勞觀想。不必參究。當下圓明。無餘無欠。

(講)此二段乃結前正釋。啓後破疑。當知持名一法。但持一句佛號。何等簡單。一教便會。何等容易。一心持去。即得往生。何等直捷。仍至頓至圓者橫出三界。頓超生死。一生同居。圓證三不退也。何以有此奇勳。以念念即佛故。不勞別作觀想。不必更加參究。一念當下。圓明具足無量法門。即觀想參究。亦不出一句名號中。無有盈餘。亦無欠闕。此一句佛號。即是大總相法門也。

（解）上上根。不能踰其閫。（以念念即佛故）**下下根。亦得臻其域。**（以念念即佛故）**其所感佛。所生土。往往勝進。**（方是極樂淨宗。）**亦不一概。可謂橫該八教。豎徹五時。**（圓收所以圓超）**所以徹底悲心。無問自說。且歎其難信也。**

（講）上上根。如文殊普賢。皆發願求生極樂。二偈見前。不能踰（越也）其閫者。謂等覺菩薩。尚不能超越其範圍。下下根。如鸚鵡八哥學念彌陀。亦得往生。以臻（到也）其域。極樂稱爲蓮域。

所感佛。所生土。往往勝進。亦不一概。者所感應現之佛。有應化身受用身之不同。所生土。有同居方便實報寂光之不一。皆由能感三慧之力有勝有劣。故感應道交。不妨不來而來。各見所見。不往而往。各生所生矣。往往勝進。亦不一概者。此論蒙佛接引。往往有勝進接。如圓教接別教接通教。不按位接者居多。亦不是一概如是也。

此持名念佛法門。圓滿具足。可謂橫該（包括）頓漸祕密不定（化儀四教）藏通別圓（化法四教）八教。豎而之論。亦可徹於五時。（華嚴時。阿含時。方等時。般若時。法華涅槃時。）所以如來徹底悲心。不待問而自說。且深歎其難信也。

（解）問觀經專明作觀。何謂不勞觀想。答此義卽出觀經。彼經因勝觀非凡夫心力所及。故於第十三別開劣像之觀。而障重者。猶不能念彼佛。故於第十六大開稱名之門。今經因末世障重者多。故專主第十六觀。當知人根雖鈍。而丈六八尺之像身。無量壽佛之名字。未嘗不心作心是。故觀劣者。不勞勝觀。而稱名者。並不勞觀想也。

（講）此下釋疑。因前云。不勞觀想。故假設疑問。而解釋之。問。觀經專明作觀。此是佛說。今何謂不勞觀想。答。以此義。卽出觀經。彼經因殊勝之觀法。非凡夫心力所能及。勝觀者。卽觀彼佛報身之相。在池水上。白毫宛轉五須彌。紺目澄淸四大海。此相豈凡夫心力所能觀想耶。故於第十三。別開劣像（八尺金身）之觀。而障重之人。心麤念雜。仍不能觀。故於第十六觀。大開稱名之門。今經因末世人根淺薄。障重者多。故專主第十六觀。執持名號。○觀經下品往生章云。如此愚人。臨命終時。遇善知識。勸令念佛。如是至心。令聲不絕。具足十念。念念中。除八十億劫生死之罪。命終之後。見金蓮華。猶如日輪。住其人前。如一念頃。卽得往生極樂世界。當知下稱理之談。末世人根雖鈍。心體本來具足百界千如。而丈六八尺之像。身無量壽佛之名字。未嘗不是唯心。是心作佛像。是心是佛像。是心作名字。是心是名字。經云。諸佛如來。是法界身。入一切衆生心想中。是故汝等心想佛時。是心卽是三十二相八十種好。是心作佛。是心是佛。諸佛正徧知海。從心想生。故觀劣者。不勞勝觀。持名者。亦不勞觀想。其義一也。

(解)問天奇毒峯諸祖。皆主叅念佛者是誰。何謂不必叅究。答此義卽出天奇諸祖。前祖因念佛人不契釋迦徹底悲心。故傍不甘。直下詰問。一猛提醒。何止長夜復旦。

(講)此因前云不必叅究。故假設疑問而解釋之。問天奇毒峯諸祖皆主叅念佛者是誰。何謂不必叅究。答此義卽出諸祖天奇本瑞禪師毒峯本善禪師。因念佛人。不契釋迦如來。徹底悲心。何謂徹底悲心。佛以大悲愍念衆生。教人念佛。要人悟明是心作佛。是心是佛之旨。一切衆生不明斯旨。是爲不契佛心。故諸祖在傍不甘心。以佛心如是大悲。念佛者昧而不覺。故天奇示衆云。終日念佛。不知全體是佛。如不知只看念佛者是誰。直下詰問。一猛提醒。曰念佛是誰。要人於言下。迴光返照。親見自性彌陀。何止長夜復旦者。衆生自從最初一念無明妄動。卽迷卻本性。從迷入迷。在無明長夜中。而不覺悟。今爲猛力提醒。豁然迷情頓破。心佛顯現。是謂復旦。衆生由本覺而不覺。今由不覺豁悟本覺。喻如昨日從旦入夜。今早從夜復旦。（天明也）卽性天明朗。佛日現前也。

（解）我等今日。猶不肯死心念佛。苦欲執敲門瓦子。向屋裏。打親生爺娘。則於諸祖。成惡逆。非善順也。

（講）釋迦徹底悲心。要我念佛。我等猶不肯死心念佛。求生淨土。苦苦的去看念佛是誰。一句話頭。猶如執敲門瓦子。向屋裏打親生爺娘。爺娘喻自心能念所念。一一唯心。不了心作心是。反將念佛是誰一句話頭。苦苦參究。自問自己是誰。何異以敲門瓦子。打親生爺娘也。參究之人。原欲善順諸祖。因不達祖意。反成惡逆。違背祖師一猛提醒之意。非善順也。

（解）進問此在肯心者。則可。未肯者。何得相應。曰噫。正是未肯。所以要你肯心相應。汝等正信未開。如生牛皮不可屈折。當知有目者。固無日下然燈之理。而無目者亦（平常之極。愚者未免驚其孤峻。所謂難信之法也。）何必於日中苦覓燈炬。

（講）此兼破不肯死心。更進而問曰。前此所說。乃在能肯死心念佛之人則可。如未肯者。何得與釋迦徹底悲心相應。曰噫。（嘆恨聲）謂我所說者非爲肯心者說。正唯（獨也）對未肯者。要你發起肯心念佛。與釋迦悲心相應也。汝等正信未開者。卽唯心之正信。尙未開發。我法二執堅固。喻如生牛皮不柔軟不可屈折也。當知有目者。喻正信已開之人。深信卽佛卽心卽心卽佛。自肯死心念佛。不必更加參究。故曰固無日下然燈之理。而無目者。喻正信未開之人。正好死心念佛。自得心開。何必苦苦參究。於心中更去覓心。故曰亦何必於日中苦覓燈炬（火）也。

（解）大勢至法王子云。不假方便。自得心開。此一行三昧中。大火聚語也。敢有觸者。寧不被燒。

（講）此引證不必參究。楞嚴經大勢至法王子云。若衆生心。憶佛念佛。現前當來。必定見佛。去佛不遠。不假方便（卽不假觀想。參究。諸方便。）自得心開（但要死心念去。工夫一到。自得藏心開顯。見本性佛。）卽此不假方便。自得心開二語。乃一行三昧（念佛三昧）中大火聚（大火燄）語也。誰敢有觸之者。若有觸者。那有不被燒之理。

（解）問。臨終佛現。寧保非魔。答。修心人不作佛觀。而佛忽現。非本所期。故名魔事。念佛見佛。已是相應。况臨終非致魔時。何須疑慮。

（講）修心人。指參禪之士。平時不作佛觀。而佛忽現。定屬魔事。如楞嚴所云「修奢摩他毘婆舍那微細魔事。魔境現前。汝不能識。洗心非正。落於邪見」。又永明大師四料簡云「有禪無淨土。十人九錯路。陰境（五陰魔境）忽現前。瞥爾隨他去」。魔之惱亂行人。種種不一。皆投行人之所好。多現佛身與菩薩身。而爲說法。引入魔網。此非本所期望。忽見佛現。故名魔事。禪宗有防魔語曰「魔來也斬。佛來也斬」。而念佛見佛。是本所期。是爲相應。不爲魔事。况臨命終時。此時非致魔時。何須疑慮。

（解）問七日不亂平時耶臨終耶答平時也問七日不亂之後復起惑造業亦得生耶答果得一心不亂之人無更起惑造業之事

寶鑑照妖

（講）此料簡七日一心第一問答可知第二答中果得一心不亂者更無起惑造業之事者果得事一心不亂如成具光明定意經云『空閒寂寞而一其心在衆煩惱而一其心乃至褒訕利失善惡等處而一其心』不爲內惑外境之所雜亂故曰無更起惑造業之事

（解）問大本十念寶王一念平時耶臨終耶答十念通二時晨朝十念屬平時十念得生與觀經十念稱名同屬臨終一念則但約臨終時

（講）此料簡十念一念。大本即大本無量壽經。寶王即念佛三昧寶王論。晨朝十念即慈雲懺主晨朝十念法。每日清晨以水嗽口。焚香西向合掌念十口氣。一口氣盡為一念。此接引事務忙碌。日間無暇念佛之人。能早晚終身十念。亦得往生。○十念得生。與觀經十念稱名。俱屬臨終時看破一切放下萬緣。以最猛利之心。念佛十口氣。亦得帶業往生。○而一念但約臨終者。生平不信佛。不念佛。至臨欲命終。業報現前。得遇善知識開導念佛法門。善根發現。信心稱名。雖只一念。當此生死關頭。念力堅固。亦得往生。

（解）問十念一念。並得往生。何須七日。答若無平時七日工夫。安有臨終（確確）十念一念。從下下品逆惡之人。並是夙因成熟。故感臨終遇善友。聞便信願。此事萬中無一。豈

可僥倖淨土或問斥此最詳今人不可不讀

（講）此段文雖明顯事極切要每見世人以爲念佛不必早念且待年老再念並不思古人云「莫待老來方學道孤墳半是少年人」又聞說臨終念佛十念一念並得往生遂不肯平時念佛欲待臨終時再發心念此是很錯誤的故蕅公云若無平時七日工夫安有那裏能有臨終十念一念到臨終時百苦交煎就是要十念一念都不容易定要平時念佛工夫純熟臨終方能提起正念

縱下下品逆惡之人者謂五逆十惡之人臨終而能十念一念者皆是夙世善根之因成熟故能感善緣臨終時遇善友開示念佛法門聞便信願發心持名雖十念一念其行不多而當時心力猛利惟佛是念惟佛是求故得仗佛願力慈力接引往生此事一萬人中難逢一人豈可待臨終方

念。而存僥倖之心哉。淨土或問一書。訶斥此事最詳。人人不可不讀此書。

(解)問。西方去此十萬億土。何得即生。答。十萬億土。不出我現前一念心性之外。以心性本無外故。又仗自心之佛力接引。何難即生。

(講)此疑遙遠。即到問西方去此娑婆世界。相隔十萬億佛土。何得即生。答以十萬億土。雖隔甚遠。實在不出我現前一念心性之外。以心性豎窮三際。橫徧十方。心包太虛。量周沙界。太虛尚在心中。況十萬億土乎。故曰心性本無外故。又仗自心之佛力接引。往生自心之淨土。無邊剎土。自他不隔於毫端。何難即生。

(解)如鏡中照數十層山水樓閣。層數宛然。實無遠近。一照俱了。見無先後。

（講）此以喻顯法。法中心性包括太虛。此理難知。借喻顯之。以鏡喻心。以數十層山水樓閣。喻十萬億土。一照俱了。實無遠近。一見俱周。亦無先後。同在一時。故往生者。如一念頃。生極樂國。生則決定生。去則實不去。來去宛然。來去無性。如鏡中之境。顯現宛然。顯現無性也。

（解）從是西方。過十萬億佛土。有世界。名曰極樂。亦如是。其土有佛。號阿彌陀。今現在說法。亦如是。其人臨命終時。阿彌陀佛。與諸聖衆。現在其前。是人終時。心不顚倒。卽得往生阿彌陀佛極樂國土。亦如是。

（講）此以法合喻。西方依報極樂世界。與彌陀說法。正報之佛生。亦如鏡中山水樓閣。層數宛然。層數無性。一照俱了。見無先後。彌陀聖衆現前。衆生心不顚倒。卽得往生。亦如鏡中來去宛然。來去無性。一念俱了。見無先

後也

(解)當知字字皆海印三昧大圓鏡智之靈文也

(講)此總結唯心當知二字要即事以明理此經字字行行皆心性之靈文海印三昧與大圓鏡智皆心性之異名心性具足一切法界名海印三昧即萬象森羅海印含此理具也心性圓現一切依正名大圓鏡智即圓光普照無法不現此事造也

(解)持名判行行則是助行何名正行答依一心說信願行非先後非定三蓋無願行不名眞信無行信不名眞願無信願不名眞行今全由信願持名故信願行三聲聲圓具所以名多善根福德因緣

(講)此疑二行差別問持名判行行者因前文判信願爲慧行持名爲行

行。故此問曰。持名既判行。行則是助行。何名正行。答依一心說信願行者。三資唯是一心也。既是一心。故非有先後。亦非定三也。◯蓋下明非定三之理。無有願行。不名眞信。無有行信。不名眞願。無信願。不名眞行。今全由信願持名。故信願行三。舉一即三。全三是一。念一聲佛號。圓具信願行。聲聲悉皆圓具正助。皆不出一心。二行亦不出一心。所以名爲多善根福德因緣也。

(解)觀經稱佛名故。念念中除八十億劫生死之罪。此之謂也。若福善不多。安能除罪如此之大。

(講)此引經作證。觀經稱佛名故。於念念中。能除八十億劫生死之罪。即聲聲圓具信願行福善既多。所以滅罪亦多。末二句反言者。福善不多。安能滅罪如此之大。

（解）問臨終猛切。能除多罪。平日至心稱名。亦除罪否。答。如日出。羣暗消。稱佛名。萬罪滅。

（講）此疑臨終猛切念佛。能除多罪。平日至心念佛。亦除罪否。答如日出羣暗消者。此以喻明。謂衆生將心造罪時。依惑起業。無明惑起。智慧日落。則全明成暗。今覺悟念佛。如日一出。羣暗自消。智慧之日既現。愚癡惑業自滅。故曰稱佛名萬罪滅也。

（解）問。散心稱名。亦除罪否。答。名號功德。不可思議。寧不除罪。但不定往生。以悠悠散善。難敵無始積罪故。

（講）此疑散心稱名。能否除罪。答佛之名號。具足萬德。不可思議。豈有不除罪之理。但不一定往生淨土。下二句明不往生之故。以悠悠（心不專也）散善。散心稱名。爲悠悠散善。力不充分。所以難敵無始以來生生世世所積衆罪也。

(解)當知積罪。假使有體相者。盡虛空界。不能容受。雖百年晝夜。彌陀十萬。一一聲中。滅八十億劫生死之罪。然所滅罪。如爪上土。未滅罪。如大地土。

(講)此引證當知是叮嚀告誡。應當知識。積罪假使是有體相者。則盡虛空界。皆不能容受。雖然於百年中。晝夜稱念彌陀十萬聲。一一聲皆滅八十億劫生死之罪。其所已滅罪。不過如爪上土。(印度呼手多呼爲爪)未滅之罪。如大地之土。其相去幾何。

(解)唯念至一心不亂。則如健人突圍而出。非復三軍能制耳。

(講)此專重一心不亂。唯有念佛。念到事理二種。一心不亂。則有殊勝力用。必得往生。譬如健人。指勇健之將被圍。以有勇健之力。可以突破重圍。言娑婆世界挺身而出。非復三軍之力所能制耳。三軍。喻見思塵沙無明三惑也。

（解）然稱名便為成佛種子。如金剛終不可壞。佛世一老人求出家。五百聖眾皆謂無善根。佛言此人無量劫前。為虎偪失聲稱南無佛。今此善根成熟。值我得道。非二乘慧眼所知也。由此觀之。法華明過去佛所散亂稱名者皆已成佛。豈不信歟。

（講）此喻證。念佛便為成佛種子。永劫不壞。如金剛之堅固。終不可壞。引佛世一老人為證。失聲念佛一聲。當為得度之因。況專心念一心不亂念耶。又引法華經。明過去佛所散亂稱名。皆已成佛。經云『若人散亂心入於塔廟中。一稱南無佛。皆已成佛道。』豈有不信哉。

(解)伏願緇素智愚。於此簡易直捷無上圓頓法門。勿視爲難。而輒生退諉。勿視爲易。而漫不策勤。勿視爲淺而妄致藐輕。勿視爲深而弗敢承任。

(講)此誡勸也。伏願緇素智愚者。緇指出家人。著染衣曰緇。素指在家人。着白衣爲素。無論上智下愚。於此至簡易至直捷之無上圓頓法門。勿不可也視爲圓頓難修。而輒生退卻推諉。勿視爲直捷易行。而漫不策勵精勤。勿視爲簡易淺近而妄致藐小也視輕慢。勿視無上高深而不敢承當擔任。此句明第一義諦。卽心卽佛。念念相應。念念佛之理。

(解)蓋所持之名號。眞實卽心故不可思議。能持之心性。亦眞實卽佛故。讀者當知。此優曇鉢羅華出現時也不可思議。持一聲則一聲不可思議。持十百千萬無數聲聲聲不可思議也。

（講）此文明三要。所念之佛。卽境。要以一句佛號。爲繫心之境。不可思議者。以佛卽是心。故能念之心。卽心。要心爲諸法之本也。不可思議者。以心卽是佛。故能所不二。心佛一如。卽法門。要聲聲皆不可思議。聲聲相續。念念相應。卽如優曇鉢羅華。時時出現。以喩佛身出現也。此解解此三要。要者。妙也。妙則不可思議。心境法門三。皆不可思議。此解亦不可思議也。初正示無上因緣竟。

丙二重勸

【經】舍利弗。我見是利。故說此言。若有衆生。聞是說者。應當發願。生彼國土。

（解）我見者。佛眼所見。究盡明了也。是利者。橫出五濁。圓淨四土。直至不退位。是爲不可思議功德之利。

(講)此約圓理釋。我乃釋迦自稱。佛證八自在我。故亦稱我。佛具足五眼。此見即佛眼所見。五眼者。肉眼。天眼。慧眼（二乘所得）法眼（菩薩所得）佛眼（唯佛獨有）五眼功用頌曰。「天眼通非礙。肉眼礙非通。法眼唯觀俗。慧眼了知空。佛眼如千日。照異體還同。」照差別之異相。一一體同平等相。佛眼所見。全事即理。法法唯心。曰究盡諸法實相。明了不昧也。是利。即念佛可以橫出娑婆五濁。圓淨極樂四土。乃至三種不退位。盡是爲不可思議功德之利也。

(解)復次是利。約命終時（此解確。甚令人骨寒）心不顛倒而言。蓋穢土自力修行。生死關頭。最難得力。

(講)此約實事釋。是利乃約臨命終時。此即一生念佛修因結果之時。仗自己念力仗彌陀願力。心不顛倒。此卽是大利。由不顛倒。卽得往生。離苦得樂。了生脫死。卽得乃不待移時。於彈指頃。橫超三界。神歸安養矣。蓋蕆土依自力。到臨命終時。未捨煖觸。火大也。卽四大分離時。火大尚未全離也。一生善惡俱時頓現。死逆生順。二習相交。謂之生死關頭。最難作主。宗鏡錄此位名亂心位。第六意識不行。八識中習氣亂發。故最難得力也。

若念佛之人。兼修福慧。及有淨願。臨終自然心不顛倒。故余歸心淨土。自號三求堂主人。求福。求慧。求生淨土。以上二求。助成淨土之求。高登上品。楞嚴經云。純想卽純善無惡卽飛。臨終神識飛舉必生天上。若飛心中。兼福兼慧。及與淨願。自然心開。見十方佛。一切淨土。隨願往生。欲度生死難關。但修淨業。自得其利。

（解）無論頑修狂慧。懡㦬無功。卽悟門深遠。操履潛確之人儻分毫習氣未除。未免隨強偏墜。

(講)此爲藕公婆心苦口。聞者當知猛省。頑修者。謂盲修瞎練。但知用功。不諳修法。不明正理之人。狂慧者。謂天資聰敏。雖有狂解(有解無行偏理廢事)不事進修。而無實行之人。此二種人。到生死關頭。不能得力。全然無用。謂之懡㦬無功。此二種人。一則著事不達理。一則執理而廢事。姑置勿論矣。下則進一步而論修禪之士。

即悟門深遠。操履潛確之人。上句謂非頑修者。乃參禪悟理之人。不獨淺悟而悟門又復深遠。下句謂非狂慧者。乃解行相應之人。操修履踐。深潛確實。如此二種之人。應當臨終有大把握。可以了脫生死。倘有一分一毫習氣種子未除乾淨。未免還要隨強偏墜。即隨那種力強而偏招墜落。况頑修狂慧者。此皆但憑自力修行之危險也。

昔日草堂青禪師。有解有行。受曾姓婦人四事供養。心生感激。乃言老僧與夫人作子。一日見宰相告老還鄉。非常榮耀。忽起一念羨慕之心。未久示寂。曾姓生子。使人看草堂。已坐脫矣。年少聰敏。早登科第。以前世之禪功。換一生之富貴。後入閣爲宰相。卽曾魯公也。

又唐朝惠林寺。圓澤和尚。與李源交善。源以不仕。常居寺中。一日與澤相約。同朝峨嵋山。源欲取道荊州。澤欲由斜谷。須過京師。源以久絕人事。不欲入京。澤遂從之。一日舟行南浦。見一婦人汲水。澤望而泣曰。不欲由此爲是耳。源驚問其故。澤曰。婦人孕三年。遲吾爲之子。不逢則已。今既見之。無可逃者。三日願公臨以一笑爲信。後十三年。於杭州天竺寺外。當與公相見。源心悲哀。澤具浴至晚而寂。過三日源往視之。兒果對源一笑。卽以故語其家。葬訖。源還返寺中。後十三年。自洛赴杭。以應其約。於葛洪井畔。聞有牧童扣牛角而歌曰。「三生石上舊精魂。賞月吟風莫要論。慚愧情人遠相訪。此身雖異。性常存。』源曰。澤公健否。答曰。李君眞信士也。然世緣未盡。且勿相近。唯勤修不惰。乃復相見。又歌曰。『身前身後事忙忙。欲話因緣恐斷腸。吳越江山遊已徧。却回煙棹上瞿塘。』遂隱不見。源返惠林。青禪師。宗門巨匠。圓澤具宿命通。尙於生死關打不透。况復其餘。望學道之士。及早持名。求得事理一心不亂。併仗佛力往生。勿徒恃自力而已。

(解)永明祖師所謂。十人九蹉路。陰境忽現前。瞥爾隨他去。此誠可寒心者也。

(講)永明延壽智覺大師。爲淨土宗第六代祖。故稱祖師。四料簡云。『有禪無淨土。十人九蹉路。陰境忽現前。瞥爾隨他去。』蹉路者。錯路也。又失路也。陰境有二釋。一五陰魔境。於禪定時。彼等諸魔。僉來惱亂。若不辨識其爲魔。一瞥眼。卽隨之而去。○一爲中陰。臨命終時。前陰已盡。中陰現前自力不勝。又無佛力。難免隨境而去。是爲可懼。豈不寒心。

(解)初果昧於出胎。菩薩昏於隔陰。這裏豈容強作主宰。僥倖顢頇。

(講)初果。即須陀洹果。此云預流果。已破見惑。初預聖人之流。天上人間。尚須七番受生。昧於出胎者。一出胎對前生之事。皆迷昧不知也。菩薩亦有隔陰之昏。前陰已滅。經中陰身投胎。後陰出世。對前生事。亦復昏昧。這裏（即臨終）豈容勉强作主宰。而僥倖顢頇也。世有修行不精進之人。自謂今生修不圓滿。來生再修。總有一生。可以修得圓滿。他不知有隔陰之昏。一轉生便不記得前生所修未滿。並不思修行。不能繼續前功。盡廢。豈不可惜哉。

(解)唯有信願持名。仗他力故。佛慈悲願。定不唐捐。彌陀聖衆現前慰導。故得無倒自在往生。

（講）修行唯有念佛。最爲穩當。有信願持名（行也）自己淨業之力。更仗他彌陀願力。佛以慈悲願力。接引念佛衆生往生彼國。故一生所用之功。定不至唐捐。（虛棄也）到臨終時。彌陀聖衆現前。安慰引導。故得心無顛倒。自在往生也。

（解）佛見衆生臨終倒亂之苦。（切膚刻骨）特爲保任此事。所以殷勤再勸發願。以願能導行故也。

（講）此明佛意。我佛見一切衆生臨終時倒亂之苦。特說此文。保任此事。果能念佛。一心不亂。臨終必感佛現。所以殷勤懇切。再勸發願。求生彼國。以願之爲力至大。以能導行故也。

（解）問。佛既心作心是。何不竟言自佛。而必以他佛爲勝。

何也。

(講)此問答乃破我法二種執情。問意。佛既心作心是。何不言自佛。而必以他佛之力為勝。必仗他力者何也。

(解)答。此之法門。全在了他即自。若諱言他佛。則是他見未忘。若偏重自佛。則是我見顛倒。

(講)答。此念佛是圓頓法門。同華嚴經。心佛及眾生。是三無差別之旨。佛是眾生心內之佛。眾生是佛心內眾生。生心佛心。本來一體。修此法門者。貴在悟理。方成理一心不亂。故曰全在了他即自。了知他佛即是自心之佛。若諱言。諱者忌諱。人子於親終之日。諱不敢言。若忌言他佛。則是他見未忘。未能了他即自。故若必言自佛。乃偏重自佛。則是我見堅固顛倒莫甚。我見未除。何況法執。若明即佛即心之理。則自他見泯。我法雙忘矣。

(解)又悉檀四益後三益事不孤起儻不從世界深發慶信則欣厭二益尚不能生何況悟入理佛唯即事持達理持所以彌陀聖衆現前即是本性明顯往生彼土見佛聞法即是成就慧身不由他悟

生善破惡

牙慧者能不瞠然

(講)悉檀四益者一世界悉檀歡喜益二爲人悉檀生善益三對治悉檀破惡益四第一義悉檀入理益後三益事不孤起起必有由儻不從世界深發慶信者謂釋迦未說西方依正莊嚴不能深發慶幸信仰之心則欣厭二者之願尚不能生何況悟入理佛耶慶即慶聞佛說慶遇良緣得歡喜益欣即欣慕極樂欣修淨業得生善益厭即厭離娑婆厭棄五濁得破惡益悟即悟唯心淨土悟自性彌陀得入理益倘無第一悉檀二三尚不可得何況能得第四耶

唯即事持達理持者先由事持以能念心念所念佛此屬有念再由有念而至無念了知能念之心自體本空所念之佛了不可得此屬無念若住無念此亦非是古德云「有佛處不得住無佛處急走過」透過有無兩關無念而念念即無念所謂「恰恰念佛時恰恰無佛念無佛恰恰念常念恰恰無」此乃即事持而達理持所以得彌陀聖衆現前即是本性之佛分明顯現是人終時心不顛倒往生彼土見佛聞法即是成就自性之中本有慧身不由他悟此即同圓教初住菩薩破一品無明證一分法身得清淨妙法身湛然應一切也

（解）法門深妙破盡一切戲論斬盡一切意見唯馬鳴龍樹智者永明之流徹底擔荷得去

（講）持名念佛一法為無上圓頓法門故以深妙稱之但持一句佛號蕩

直念。去不假分別。不落思量。直心直行。故得破盡一切戲論。(不合眞理都無實義)斬盡一切意見(計度分別情有理無)。而此無上圓頓深妙法門。唯有大根器人。如馬鳴龍樹。(此二印度)智者永明(此二華夏)之流。方能直下承當。徹底擔荷得去。

馬鳴。東天竺婆羅門。因中五百世爲馬王。生時羣馬皆鳴。故號馬鳴。爲馬說法。馬皆流淚。七日不食。出家後得法於富那夜奢尊者。傳佛心印。爲十二祖。造大乘起信論。發起大乘正信。文云。若人專念西方極樂世界阿彌陀佛。所修善根。回向願求生彼世界。即得往生。常見佛故。終無有退。若觀彼佛眞如法身。常勤修習。畢竟得生住正定故。

龍樹。南天竺梵志。因中爲樹神。樹中常有五百龍聽法。後遇迦毘摩羅尊者。授以心印。楞伽經云。有大名德比丘。厥號爲龍樹。得初歡喜地。往生安樂國。

智者。諱智顗。字德安。俗姓陳氏。潁川人也。母徐氏。夢五彩香煙。縈懷。欲拂去之。聞人語曰。宿世因緣。寄託王道。福德自至。既誕夜現神光。棟宇煥然。兼輝鄰室。眼有重瞳。七歲至伽藍。諸僧口授普門一遍。卽得成誦。後誓作沙門。荷負正法。爲己重任。投湘州果願寺。沙門法緒。出家得法。於光州大蘇山。慧思禪師。一見謂曰。昔日靈山。同聽法華。宿緣所追。今復來矣。一日誦法華至藥王菩薩本事品。是眞精進。是名眞法供養。身心豁然。得入法華三昧。後住天台山。判釋東流一代時教。分爲五時八教。創立三止三觀。爲天台宗。後奉詔入京。行至石城有疾。右脅西向。稱念彌陀觀音而寂。足證大師亦歸心淨土矣。

永明。名延壽。號冲元。俗姓王。錢文穆王時。爲杭州稅司。好放生。用虧庫銀。判處死刑。臨斬面不改色。怡然曰。以吾一命。已救無量生命。死何恨焉。劊子一刀斬下。刀成三段。王頸無傷。監斬官奇之。具奏獲赦。官復原職。王力辭。發心出家。參天台韶國師。發明心要。後聞淨土法門。橫超三界。疾出生死。乃書禪淨二鬮。於佛前懇禱。拈取決定之。連拈三次。皆是淨土。乃決志念佛。以萬善莊嚴淨土。日課一百八事。十萬彌陀。住持杭之西湖淨慈寺。夜間別峯行道念佛。後蒙觀音菩薩。授灌頂水。福慧日增。著宗鏡錄。及闡揚淨土諸書。清雍正帝閱其書。稱揚讚歎。超過歷代諸大善知識之上。年七十二歲。焚香別衆。坐脫西歸。有僧病中入冥。見閻王禮一僧像。問其部屬。曰王禮是誰之像。告曰。永明大師。往生西方上上品。王重其德。故敬禮耳。三正示行者執名號以立行竟。三分中第二正宗分竟。

佛說阿彌陀經要解講義卷四

上海圓明講堂沙門韜光圓瑛講
弟子芬陀利子明暘日新錄

甲三流通分

（解）信願持名一法。圓收圓超一切法門。豎與一切法門明白之極。渾同橫與一切法門迴異。諸經論中。亦有橫義。乃隨斷惑淺深。即於同居。見上三土。則約證名橫。約斷仍豎也。既無問自說。誰堪倡募流通。唯佛與佛。乃能究盡諸法實相。此經唯佛境界。唯佛佛可與流通耳。

（講）此先明分科之意。諸家註疏有以佛說此經已判屬流通有以六方佛之後。判屬流通者。今先明此處即判屬流通之意。以免疑議。信願持名一法。即此經之正宗。亦具信解修證之程序。圓收者。即豎論此經由淺及深。與一切法門修證渾同。故曰圓收。圓超者。即橫論此經。橫截生死。與一切法門迴（遠也）異。唯此一經獨擅也。批中諸經論中。亦有橫義。在同居土中。能斷見思。即見方便土。能斷無明。即見實報土等。此則約證位名橫約斷惑仍豎也。

既無問自說。誰堪倡募流通者。此經以實相為體。既屬釋迦徹底悲心。無問自說。誰能堪任倡募流通之責。流者流傳萬古。通者通達十方。唯獨佛之與佛。乃能究盡諸法實相。堪共流通此經無上圓頓法門。唯詮佛之境界。故曰唯佛佛可與流通耳。故將六方諸佛。異口同音讚歎此經。即判入流通分。文分為二。

乙初普勸　二結勸　乙初分三

丙初勸信流通　二勸願流通　三勸行流通　丙初又分二　丁初略引標題　二徵釋經題　丁初又分六　戊初東方（至）六上方（唐譯十方）

（今略取故）今初

經舍利弗。如我今者。讚歎阿彌陀佛。不可思議功德之利。

（解）不可思議。略有五意。一橫超三界。不俟斷惑。二即西（不退一生）方橫具四土。非由漸進。（等義皆攝第二義中）三但持名號。不假禪觀諸方便。（大有功於淨土）四一七為期。不藉多劫多生多年月。五持一佛名。即為諸佛護念。不異持一切佛名。此皆導師大願行之所成就。故曰阿彌陀佛不可思議功德之利。

（講）上言我見是利。未曾明言何等之利。故呼當機直告之曰。如我今者讚歎阿彌陀佛不可思議功德之利。不可思議。略有五意。一念佛功成。帶業往生。即可橫超三界生死。不待斷惑。二往生極樂。圓證三不退。即橫具四土。同居橫具上三土。一生同居。即生上三土。非由漸次增進。是謂圓超而不退一生成佛等義。皆攝此義中。三但持一句名號。不假參禪觀想諸方便自得心開。四一七爲期。卽得一心不亂。不藉多劫勤修多經年月。五持一阿彌陀佛名號。卽爲十方諸佛之所護念。護者維護。令得安隱無諸障難。念者愛念。令得精進。不至退墮。持彌陀名號。卽爲十方諸佛護念。不異執持一切諸佛名號。此皆導師因中大願行功德之所成就也。

(解)又行人信願持名。全攝佛功德。(伶俐者少)成自功德。故曰阿彌陀佛不可思議功德之利。下又曰諸佛不可思議功德。我不可思議功德。是諸佛釋迦。皆以阿彌爲自也。

(講)又行人念佛。具足信願行。自可全攝佛功德。成自功德。而得大利。下又曰。諸佛不可思議功德。我不可思議功德。是諸佛釋迦。皆以彌陀爲自也。以佛佛道同故。又行人諸佛釋迦。功德亦卽彌陀功德。故曰讚歎阿彌陀佛。不可思議功德之利。

經　東方亦有阿閦鞞佛。須彌相佛。大須彌佛。須彌光佛。妙音佛。如是等恆河沙數諸佛。各於其國。出廣長舌相。徧覆三千大千世界。說誠實言。汝等衆生。當信是稱讚不可思議功德一切諸佛所護念經。

(解)阿閦。此云無動。佛有無量德。應有無量名。隨機而立。或取因。或取果。或性或相。或行願等。雖舉一隅。仍具四悉。隨一一名。顯所詮德。劫壽說之不能悉也。

(講)此下交引六方諸佛讚辭。證明淨土法門。為諸佛異口同音所共讚歎。自當深信不疑。故為勸信流通。此舉東方世界。東方為羣動之首。佛名阿閦鞞。此云無動。不為八風（利衰毀譽稱譏苦樂）。所動。不為三道（惑道。業道。苦道。）所動。在世界動中。有無動佛。正所謂那伽常在定。無有不定時。

佛有無量德。應有無量名。名是假名。德乃實德。名以召德。德既無量。故名亦無量也。一切佛名。多隨機而立。或取因行而立。或取果德而立。或約性或約相。或從願。或從行等。餘一切。雖舉一隅（方也）仍具四悉之益。如舉一方。即具四方。一一佛名。所詮功德無盡。即以劫石之壽說之。皆不能悉悉即盡也。

須彌相佛。梵語須彌。此云妙高。四寶（金銀水晶瑠璃）所成曰妙。迥出衆山曰高。佛身百福莊嚴。相好光明曰妙。九界瞻仰。最尊最勝曰高。故號須彌相佛。◯大須彌佛。須彌為衆山之王。世界諸山所不能及。佛為大法之王。超九界以獨尊。故號大須彌佛。◯須彌光佛。須彌為四寶所成。故有光明。佛轉八識成四智。遍照羣機。故號須彌光佛。

妙音佛。佛音圓妙。普被羣機。淨名經云。佛以一音演說法。衆生隨類各得解。此即顯佛音圓妙。以一音具足衆音。一切衆生聞之皆同本音。故隨類得解。此一多無礙妙。又以佛音不可思議。一座之間同聽異解。大根解大法。小根解小法。自在成就。故各得解。此小大並陳。妙故號妙音佛。

（解）東方虛空不可盡。世界亦不可盡。世界不可盡。住世諸佛。亦不可盡。略舉恆河沙耳。此等諸佛。各出廣長舌。勸信此經。而衆生猶不生信。頑冥極矣。

（講）恆河。即殑伽河。此云天堂來。狀其來處之高。舊云恆河訛也。從雪山阿耨達（此云無熱惱。龍王名。龍住此池。）池流出。濶四十里。沙細如麵。佛常以沙喻數之多也。如是等如恆河等諸佛。各出廣長舌相。勸信此經。而衆生猶不肯生信。可謂頑愚冥暗極矣。何異無信闡提。

（解）常人三世不妄語。舌能至鼻。藏果頭佛。三大僧祇劫不妄語。舌薄廣長可覆面。今證大乘淨土妙門。所以徧覆三千。表理誠稱眞。事實非謬也。

（講）常人能持不妄語戒。至三世者。可感舌相至鼻之果報。藏果頭佛者。乃三藏教應身之佛果也。經三大阿僧祇劫（解見在前）。感舌薄廣長之相。可以覆面。今證明大乘淨土圓妙法門。所以舌相徧覆三千大千世界（亦解在前）。爲一佛化土。佛現此相。表其理誠稱合眞性。事實決定非謬也。又佛從無量劫來不妄語。故感廣長之舌相。華嚴離世間品云。菩薩有十種舌。所謂開示演說無盡衆生行舌。開示演說無盡法門舌。讚歎諸佛無盡功德舌。乃至降伏一切諸魔外道。除滅生死煩惱。令至涅槃舌。菩薩成就此法。得如來徧覆國土（三千大千世界）無上舌。則廣長舌相。亦是修成。證小事則覆面門證大事則覆大千今讚淨土法門舌覆全界當知即是圓頓大法也○又廣長舌相諸佛得之衆生亦復具之即萬象亦皆有之東坡居士云「溪聲便是廣長舌山色無非淸淨身」請試思之

說誠實言汝等衆生當信是者此乃諸佛婆心苦口說至誠無妄眞實不虛之言勸令衆生發深信心當信是稱讚不可思議功德一切諸佛所護念經是字指法之辭卽指下十六字經名此經既具不可思議功德而爲諸佛之所護念當知依教起行念佛之人亦得不可思議功德而爲諸佛同垂護念也

（解）標出經題流通之本什師順此方好略譯今題巧合持名妙行奘師譯云稱讚淨土佛攝受經文有詳略義無增減

(講)六方佛於勸信辭中。標出經題十六字。乃此經原名。而現在流通之本。什師隨順此方人好略之習慣。譯今題曰佛說阿彌陀經。正巧合持名妙行。故舉世流通。多弘秦本。(後秦什師所譯之本)而唐玄奘法師譯爲稱讚淨土佛攝受經。文字雖有詳略之異。而義理實無增減也。

戊二南方

經 舍利弗。南方世界。有日月燈佛。名聞光佛。大燄肩佛。須彌燈佛。無量精進佛。如是等恆河沙數諸佛。各於其國出廣長舌相。徧覆三千大千世界。說誠實言。汝等衆生。當信是稱讚不可思議功德一切諸佛所護念經。

(講)南方亦有無盡世界。無盡諸佛。對於淨土法門。無不稱歎。今略舉五佛。餘以等字該之。日月燈佛者。此佛約眞俗中三智。以立名。日以照晝。發育萬物。喻佛以俗智照事成就衆生。故月以照夜能除黑暗。喻佛以眞智照理破除無明。故燈能晝夜並照。隨意受用。喻佛具中智眞俗並照圓融無礙故。○名聞（去聲）光佛者。名是名稱。光是聲光。謂佛名稱普聞於十方聲光遍照於四土。○大燄肩佛者。此佛約權實二智以立名。燄卽二智之燄。肩有荷擔之義。謂佛以二智之燄。燒衆生煩惱之薪。

須彌燈佛者。此約四智立名。須彌四寶所成。寶各有光。能照如燈。喻佛轉八識成四智。轉第六識爲妙觀察智。轉第七識爲平等性智。轉前五識爲成所作智。轉第八識爲大圓鏡智。六七二識因中先轉。前五及第八識果上方圓。以此四智照破自他三惑。故名須彌燈。○無量精進佛者。此佛約行立名。因中行門無量。悉皆精進。不怯不退。故得疾成佛道。如是等。如是指前列五佛。等餘南方沙數諸佛。勸信讚歎與前同。

戊三西方

經 舍利弗。西方世界。有無量壽佛。無量相佛。無量幢佛。大光佛。大明佛。寶相佛。淨光佛。如是等恆河沙數諸佛。各於其國。出廣長舌相。徧覆三千大千世界。說誠實言。汝等眾生。當信是稱讚不可思議功德。一切諸佛所護念經。

（解）無量壽佛。與彌陀名同。十方各方面。同名諸佛無量也。然卽是導師亦可。為度眾生。不妨轉讚釋迦如來所說。

（講）西方亦有無盡世界。無盡諸佛。對此淨土法門。莫不讚歎。今略舉七佛。餘以等字該之。無量壽佛。與彌陀名同。有二義。一十方諸佛既多。佛德無異。故有依德立稱。同名諸佛亦多。二卽是極樂導師。亦可爲度生之故。不妨轉讚釋迦所說此經。令衆起信發願。依教受持。亦滿導師度生之願。無量相佛者。此佛約相立名。佛有法報應三身。相各不同。藏通二教是應身。藏教佛有三十二相。八十種好。通教佛則有八萬四千相。別教佛是報身。有剎塵無量相。圓教是法身。有不思議無量相。◯無量幢佛者。此佛約法立名。幢有摧邪顯正之義。法門無量。故佛樹立法幢。亦復無量。可以摧破一切邪魔外道。建立正法。故名無量幢佛。

大光佛者。此佛約智立名。(或約相亦可通)佛證一切種智。智光廣大。徧照法界。又或放大光明。接引攝受一切衆生。如本師將宣大法。先放大光。普照聚集有緣衆生。聞法受益。◯大明佛者。此佛依智立號。佛得三明。天眼明。宿命明。漏盡明。又佛得三智光明。能破三惑黑暗。故名大明佛。

寶相佛者。此佛約相立名。寶有尊貴之義。佛相百福莊嚴。殊特妙好。人皆尊貴也。又佛身全體如紫磨金。毫相如瑠璃筒。皆寶相也。○淨光佛者。此佛亦約智立名。以智慧光。淨煩惱垢。故名淨光佛。如是七佛等餘西方沙數諸佛。勸信讚歎與前同。

戊四北方

經 舍利弗。北方世界。有燄肩佛。最勝音佛。難沮佛。日生佛。網明佛。如是等恆河沙數諸佛。各於其國。出廣長舌相。徧覆三千大千世界。說誠實言。汝等衆生。當信是稱讚不可思議功德。一切諸佛所護念經。

(講)北方亦有無量世界。無盡諸佛。對此淨土法門。無不讚歎。燄肩佛者。亦以眞俗二智。荷擔衆生之名也。○最勝音佛者。佛音具足不思議之力。用圓音一演。異類等解。九法界衆生所不能及。故曰最勝音佛。○難沮壞也。佛者。證究竟堅固之理。法身常住不壞。故曰難沮佛。日生佛者。佛出世間。以智慧日照。破衆生愚癡黑暗。如杲日麗天。羣昏爍破。故名日生佛。○網明佛者。佛張教網。撈攄法界衆生。法門無量。猶如網孔。皆爲佛智所成。教理明徹。能破衆生癡暗。故曰網明佛。如是五佛等。餘北方恆沙諸佛。勸信讚歎。與前同。

戊五下方

（經）舍利弗。下方世界。有師子佛。名聞佛。名光佛。達磨佛。法幢佛。持法佛。如是等恆河沙數諸佛。各於其國。出廣長舌相。徧覆三千大千世界。說誠實言。汝等衆生。當信是稱讚不可思議功德一切諸佛所護念經。

（解）此界水輪金輪風輪之下。復有下界。非非想天等。乃至重重無盡也。達磨此云法。

（講）下方亦有無盡世界。無盡諸佛。對此淨土圓頓法門。無不讚歎此界水輪。指現在人間依水輪。結成洲潬。爲人所居。而水輪依金輪。金輪之下有風輪。風金相磨。故有火輪在風輪金輪之間。此世界爲風力之所執持風輪之下。有空輪。又有非想非非想天。四空四禪六欲諸天。亦分三界。無色界。色界。欲界諸天。人間乃至重重無有窮盡也。師子佛者。師子爲獸中王。師子一吼。百獸腦裂。以喻佛爲法中王。佛若說法。天魔外道。恐怖毛竪。故名師子佛。○名聞去聲佛。名稱普聞於十方也。○名光佛者。佛之聲光。所被衆生。蒙益猶如日光普照四天下。能破黑暗能育萬物也。

達磨佛者。梵語達磨。此云法。法者可軌義。如世間之軌道。車必依之而行。

佛所說之教法。爲衆生修行之軌則。必當依之而修。此教可軌也。佛所修之行法。戒定慧以自莊嚴。堪作衆生軌範。此行可軌也。故名達磨佛

法幢佛者。幢有高顯義。佛所說法。四諦十二因緣。高超同居土世間法。六度萬行。高超方便土二乘法。第一義諦。高超實報土菩薩法。佛建竪種種法幢。故以爲名○持法佛者。佛善持大小頓漸偏圓權實一切諸法。隨衆生機而爲演說。令其信解修證。得大饒益。故名持法佛。如是六佛等。餘下方沙數諸佛。勸信讚歎。與前同。

戊六上方

經 舍利弗。上方世界。有梵音佛。宿王佛。香上佛。香光佛。大燄肩佛。雜色寶華嚴身佛。娑羅樹王佛。寶華德佛。見一切義佛。如須彌山佛。如是等恒河沙數諸佛。各於其國

出廣長舌相。徧覆三千大千世界。說誠實言。汝等衆生。當信是稱讚不可思議功德。一切諸佛所護念經。

（解）此界非非想天之上。復有上界風輪金輪及三界等。重重無盡也。

（講）上方亦有無盡世界。無盡諸佛。此界無色界非非想天（三界極頂）之上。是空輪。空輪之上。復有上界風輪火輪金輪水輪四洲大地及人間天上三界等。如是一重一重。無有窮盡。故諸佛亦無盡也。

梵音佛。梵者淨也。佛所說法音清淨。無有染著。不著我相。不著法相。不著非法相。一切無著。是謂梵音。佛說法如是。故名梵音佛。○宿王佛者。宿是星宿。月爲宿中王。衆星朗朗。不如孤月獨明。以喻佛爲法中王。於法自在。三乘聖衆。一切智。道種智。不及佛一切種智。如月爲衆宿中王。故名宿王佛。○香上佛者。佛具足五分法身香。戒香。定香。慧香。解脫香。解脫知見香。以爲一切香中之上。故名香上佛。

香光佛者。此佛亦修持名念佛法門。以香光莊嚴。得成爲佛。何以知之。大勢至圓通章云。憶佛念佛。現前當來。必定見佛。去佛不遠。不假方便。自得心開。如染香人。身有香氣。此則名曰香光莊嚴。故知此佛。定由念佛所成之佛也。○大燄肩佛。與前南方同。○雜色寶華嚴身佛者。此佛約行而立名。因中廣修六度萬行。萬行既多。故喻雜色華。萬行屬兩利行。較之二乘自利行。更爲可貴。故曰寶華。以此因行。莊嚴法身。故得是名。

娑羅樹王佛者。娑羅譯爲堅固。此樹高大。一切林木。無能及者。歲寒不凋。故稱堅固樹王。以喻佛證究竟堅固法身。理體高超九界。以獨尊爲法中王。故以名焉。○寶華德佛者。勤脩萬行因華。莊嚴一乘果德。因行可貴。喻如寶華。果德亦尊。稱爲佛寶。故名寶華德佛。

見一切義佛者。世出世間。諸法之義無盡。佛得一切種智。具足五眼。故能悉知悉見。卽所謂眞知無所不知。眞見無所不見也。○如須彌山佛。此佛從喻立名。四寶所成須彌。峯高出衆山之表。以喻四德圓證妙法身。獨居十界之尊。故稱須彌山佛。如是十佛。等餘上方恆河沙數諸佛。勸信讚歎與前同。

(解)問。諸方必有淨土。何偏讚西方。答(妙答)此亦非善問。假使讚阿閦佛國。汝又疑偏東方。展轉戲論。

(講)此下問答破疑。先破偏讚西方疑。問十方世界。許多淨土。何以不讚。而獨偏讚西方耶。答此種問難(去聲)亦非善問。此誠爲妙答。下出非善問之故。假使讚歎阿閦佛國。汝又疑何以偏讚東方。如是展轉問難。皆成戲論。無有眞理。

（解）問（研究下答亦非善問）何不偏緣法界。答有三義。令初機易標心故。阿彌陀本願勝故。佛與衆生偏有緣故。

（講）此破何不偏緣法界疑。問何不偏緣十方法界。此問以不達所緣之境既廣。能緣之心必散。此亦非善問。答義有三。先約事答。後約理答。約事約理。此問皆不當（去聲）。事三義。一令初機之人。聞讚此經。信有西方依正莊嚴。願生極樂淨土。執持彌陀名號。心信心願心念。易於標心也。二阿彌陀佛因中四八弘願。莊嚴極樂淨土。本願力勝。隨願所成。故得諸佛同讚。三彌陀慈尊與此土偏有緣故。

（解）蓋佛度生。生受化。其間難易淺深。總在於緣。緣之所在。恩德（願勝）弘深。種種（標心）教啓。能令歡喜（歡喜）信入。能令觸動（生善）宿種。

能令魔障難（破惡）（去聲）遮。能令體性開發（入理）。

（講）此明事中三義之所以。蓋諸佛度生。衆生受化。其間或難或易。或淺或深。總在於前緣。佛有三不能。無緣不能度。如城東老母可以爲證。前緣若淺。則衆生難受化。佛亦難度。前緣若深。則衆生易受化。佛亦易度。現見彌陀與衆生。易化易度者。豈非彌陀與此土衆生。偏有緣也。

緣之所在。恩德弘深者。彌陀與衆生緣之所在。在於何處。乃在彌陀因中。所發四十八種弘願。成就衆生。離苦得樂。此種恩德弘深。勝過諸佛。故爲願勝。

種種教啓者。卽此經信願持名。三種資糧。圓頓之教。得以開啓。諸佛讚歎。衆生信受奉行。能得四悉檀利益。豈非易標心也。

四悉檀者。佛說極樂世界。依正莊嚴。能令發歡喜心信入。卽世界悉檀。得歡喜。益能令觸動。宿世善根種子。起欣求心。卽爲人悉檀得生善益。能令一心執持。以正念斷除妄念魔障諸難。得以遮遣。卽對治悉檀得破惡益。能令從事持而入理持。法身體性。豁然開發。卽第一義悉檀得入理益。

（解）諸佛本從法身垂迹。固結緣種。若世出世。悉不可思議。尊隆於教乘（世界）。舉揚於海會。（爲人時治）沁入於苦海。（第一義）慈契於寂光。所以萬德欽承。羣靈拱極。

（講）十方諸佛。本從法身而垂應化之迹。法身乃應化之本。固結緣種者。諸佛應化。固結衆生之緣。令未種善根者種。已種者增長。已增長者成熟。已成熟者解脫。不斷佛種。若世出世。悉不可思議者。此指西方極樂四土。世卽同居土。出世卽上三土。悉皆不可思議。圓證三不退。補處菩薩甚多。乃爲千經萬論所無。此經獨擅。故曰尊隆於教乘。諸佛異口同音讚歎。爲稱讚不可思議功德。一切諸佛所護念經。此卽舉揚於諸佛海會。沁入於苦海。慈契於寂光者。沁音侵水名。水之漸流而出。謂釋迦諸佛法水流入娑婆苦海。衆生心中。令其信願持名。念念滅除八十億劫生死重罪。由事持而達理持。則慈契於寂光眞理矣。所以諸佛萬德慈尊。悉皆欽承讚歎。

羣靈拱極作二釋。一羣靈指極樂諸上善人。菩薩羅漢。無量無邊。皆拱衞彌陀。如衆星悉皆拱北。二謂十方無量菩薩。皆願生極樂。親近彌陀。大本云。佛告彌勒。此世界中。有七百二十億菩薩。生彼一一已曾供養無央數佛。如彌勒者。他方世界。第一光遠照佛所。有八十億菩薩。皆當往生。第二寶藏佛所。有九十億。第三無量音佛所。有二百二十億。以及無量佛刹往生者。衆故曰羣靈拱極。

（解）當知佛種從緣起。緣卽法界。一念一切念。一生一切生。一香一花。一聲一色。乃至受懺授記。摩頂垂手。十方三世。莫不偏融。故此增上緣因。名法界緣起。此正所謂偏緣法界者也。

（講）此約理答。即答何不偏緣之問。當知二字。乃囑其當知偏緣之理。佛種從緣起者。佛種乃佛性種子。即衆生所具之正因佛性。亦即一眞法界必從緣了二因而起。若無了因佛性慧心之解悟。及緣因佛性善心之修持。則正因佛性理心。終歸埋沒。不得而發起。故曰佛種從緣起緣即法界者。當知緣了二因。即是全體法界。以三因不出一心。故而西方依正。亦不出一心法界。即一心別名。彌陀是法界藏身。故一念一切念一佛。即念一切諸佛。極樂是法界藏土。故一生一切生。生極樂一土。即生一切諸佛國土也。一香一花。一聲一色。乃至受懺授記。摩頂垂手。一一無非全體法界。一一皆橫徧十方。豎窮三際。莫不互徧互融。事事無礙也。故此念佛增上緣因（有大力用）得生淨土。即名法界緣起正理。此專念彌陀。正所謂徧緣法界者也。若念西方。再念東方南方北方下方上方。皆非徧念讚歎亦然。以未明理性。都屬偏念偏讚也。

（解）淺位人（本不出。法界外）便可決志專求。深位人。亦不必捨西方而別求華藏。若謂西方是權（何以加於。法界）華藏是實。西方小。華藏大者（解千餘。年之惑）全墮眾生偏計執情。以不達權實一體。大小無性故也。

（講）此是誡勸上中下根。皆可脩持淨土。淺位人未明理性者。便可決志念佛。專求往生。事念本不出法界外。若深位人。已明法界之理。念彌陀。即念諸佛。生極樂。即生十方。亦不必捨西方。別求華藏。西方亦不出自心。若謂西方是權。乃李長者華嚴合論之謁。於一心性中。分權分實。分小分大全墮衆生徧計執情。妄生分別。以不達權實唯是一體。大小本來無性之故。權實大小皆依他起。性依他如幻。故無性。依他不離圓成。故一體。以不達故。墮徧計執性。初略引經題竟。

丁二徵釋經題

經 舍利弗。於汝意云何。稱讚功德之名。上來已詳言矣。何故名爲一切諸佛。所護念經。

(講)此是勸信流通第二科。徵釋名題。先徵下釋。云何何故。皆徵問口氣。上諸佛勸信此經。經題共十六字。曰稱讚不可思議功德一切諸佛所護念經。有其名必有其義。必須明了。方得受持。今佛自徵。乃呼舍利弗徵問之曰。在汝之意以爲云何。何故此經名一切諸佛所護念經耶。此祇徵下八字。以上半題稱讚不可思議功德。前文已經極顯。不必更釋故也。

經舍利弗。若有善男子。善女人。聞是經受持者。及聞諸佛名者。是諸善男子。善女人。皆為一切諸佛之所護念。皆得不退轉於阿耨多羅三藐三菩提。是故舍利弗。汝等皆當信受我語。及諸佛所說。

（解）此經獨詮無上心要。諸佛名字。並詮無上圓滿究竟萬德。故聞者皆為諸佛護念。又聞經受持。即執持名號。阿彌名號。諸佛所護念故。

（講）此釋護念。詮者顯也。經為能詮。無上心要。諸佛名字。圓滿究竟萬德。三為所詮。〇一無上心要。即能念之心性。此心為諸佛之本源。萬法之理體。是第一義諦。無有何法能加其上。故曰無上心要。〇二諸佛名字。即所念彌陀名號前云彌陀乃法界藏身念彌陀一佛即念一切諸佛故曰諸佛名字○三並詮圓滿究竟萬德既詮佛名名以召德諸佛之名皆稱萬德洪名故詮佛名並詮顯萬德也何爲圓滿究竟諸佛因行圓滿智德究竟證般若德斷德究竟證解脫德心性究竟證法身德三德圓證萬德畢具故曰圓滿究竟萬德

此三德祕藏爲諸佛共證亦爲衆生同具能念之心所念所聞之佛名皆不離三德故曰若有善男子善女人聞是經受持者（能受持是心 所受持佛名）及聞諸佛名者聞必受持故皆爲諸佛之所護念

護者加護令不退墮念者愛念令得增進大本云「若不往昔修福慧於此正法不能聞已曾欽奉諸如來故得因緣聞此義」華嚴偈云「寧受地獄苦得聞諸佛名不願生天中而不聞佛名」是則聞是經受持者及聞諸佛名者皆有大善根大因緣故得諸佛護念也

又聞經受持。卽執持名號者。此經全示持名妙行。既受持是經。信願在懷。必執持名號。又阿彌陀佛名號具足萬德。爲諸佛所護念。故受持者亦必爲諸佛護念也。

（解）問。但聞諸佛名而未持經。亦得護念不退耶。

（講）此料簡假設問答。於答處則明通局二義。自他二力。

（解）答。此義有局有通。占察謂雜亂垢心。雖誦我名。而不爲聞。以不能生決定信解。但獲世間善報。不得廣大深妙利益。

（講）此義卽但聞佛名而未持經之義。有通局之分。此明局義。局者不通也。占察。卽占察善惡業報經。有謂雜亂垢心。雖誦我名而不爲聞。雜亂指見惑（八十八使）。思惑（八十一品）。紛雜混亂。於淸淨心中。心水本淨。因見思而成垢濁故名垢心雖口誦佛名而不爲聞慧以不能生決定信解者出其不爲聞慧所以因其心水不淸定力不足慧性不得現前故不能生決定信解雖誦佛名但獲（得也）世間善報而已不得廣大深妙往生不退等利益

（解）若到一行三昧則成廣大微妙行心名得相似無生法忍乃爲得聞十方佛名

（講）一行三昧卽念佛三昧又名一相三昧專念彌陀名號名一行三昧卽一心不亂若到此三昧則見思惑空能轉雜亂垢心而成淸淨廣大微妙行心得入相似位名得相似無生法忍相似第一義諦得第一義悉檀入理益乃爲聞十方佛名

（解）此亦應爾故須聞已執持至一心不亂方爲聞諸佛名蒙佛護念此局義也

(講)此。指此經。對彼占察經而言。亦應爾。卽亦如是也。聞已信願執持。至事一心不亂。破我執。不爲見思所亂。至理一心不亂。破法執。不爲無明所亂。得成聞思修三慧。方爲眞聞佛名。得蒙諸佛護念。此約竪論局義也。

(解)通義者。諸佛慈悲不可思議。名號功德亦不可思議。故一聞佛名。不論有心無心。若信若否。皆成緣種。

(講)此明通義。通論十方諸佛。皆具無緣大慈。同體大悲。此種慈悲。稱性而起。不可思議。而諸佛名號功德。亦不可思議。故一聞佛名。仗不思議力。故不論有心(專心)無心(散心)若信(不疑)若否(不信)能得佛名一歷耳報。皆成將來得度因緣之種子。

(解)況佛度衆生。不簡怨(音冤)親。亙無疲倦。苟聞佛名。佛必護念。又何疑焉。

(講)此明佛心平等。佛度衆生。本廣大平等。慈悲心。怨親一相。故不簡擇。平等而度脫之。恆常度生。無有疲倦。苟有人得聞佛名。佛必定能垂護念。佛佛皆然。此又何疑。

(解)然據金剛三論。根熟菩薩。為佛護念。位在別地圓住。蓋約自力。必入同生性。乃可護念。

(講)此明自他二力。先明自力(自己修行之力用)之難。引金剛三論為證。此論乃無著天親二菩薩造。解釋金剛般若經三論。○根熟菩薩。謂善根成熟。入正定聚。破一品無明。證一分法身。得念不退位。在別教初地。圓教初住。分證之位。此皆約自力斷惑。必入同生性。乃可得諸佛護念。○同生性。對異生性而言。如別教三賢位(十住十行十迴向)以未脩中道觀智而斷惑證理。與聖位不同。故名異生性。若登初地。念不退。與圓初住。觀智斷惑證理。皆同。念念流入薩婆若海。（是佛果海）故名同生性。分證法身之理。乃可蒙佛護念也。

（解）今仗他力故。相似位。即蒙護念。乃至相似以還。亦皆有通護之義。下至一聞佛名。於同體法性。有資發力。亦得遠因。終不退也。

（講）此明他力之易。上文自力。是自脩之力。此科他力。是他佛之力。現今聞佛名。仗他佛力。故在別教三賢。圓教十信。相似位（天台四教六即。一理即。二名字即。三觀行即。四相似即。五分證即。六究竟即。）即得蒙佛護念。此還約實行之力。念到事一心不亂。見思已空。往生方便土者。乃至相似以還。即相似位以前觀行位（別教十信。圓教五品。）未到相似位。未斷見思。往生同居土者。亦皆有通護之義。○下至一聞佛名。乃名字位。於同體法性。有資發力者。佛與衆生本來同一法性。在聖不增。在凡不減。故曰同體法性。一聞佛名。即有資熏種子。發起現行之力用。

雖未能即得近果。亦得成遠因。終久得入不退也。

（解）阿耨多羅。此云無上。三藐。三菩提。此云正等正覺。即大乘果覺也。

（講）上釋護念。此釋果覺。承上文善男女。聞經受持。及聞諸佛名者。不僅為諸佛護念。人人皆得圓證三不退。念念趣向佛果妙覺之位也。

梵語阿耨多羅三藐三菩提。譯為無上正等正覺。諸經皆存梵語。即五不翻中順古不翻。一祕密不翻。如神咒等。二尊重不翻。如般若等。三多含不翻。如比丘等。四此方所無不翻。如閻浮檀等。五順古不翻。即此名。第一位譯經法師不翻。以後諸師皆不翻。故曰順古。此即圓教大乘佛果妙覺也。別教妙覺。尚不能當此稱。以其只破十二品無明。只齊圓教二行故也。

無上正等正覺之號。即超九界以獨尊。自覺覺他覺滿之佛。解釋此名。應從下以釋上。三菩提。此云正覺。佛稱正覺。超過六凡法界之不覺。或起妄覺。邪覺。而非正覺。○三藐此云正等。佛稱正等。超過二乘法界之不平等。但求自利。不肯利他。此自他不平等。趣向偏眞。不肯涉俗利生。此眞俗二諦不平等。而非正等。○阿耨多羅此云無上。佛稱無上。超過菩薩法界之有上。菩薩雖得正覺自覺 正等平等覺他 只得稱三藐三菩提。以無明未盡。覺道未圓。未得覺滿 卽如圓教等覺菩薩。尚有一品生相無明未破。法身智斷。猶未究竟。如十四夜月。尚欠一分。祇得名有上士。不得名無上正等正覺。堪當此稱者。惟佛一人。三覺圓。萬德具。超九界以獨尊。獨一無侶也。

(解)圓三不退。乃一生成佛異名。故勸身子等。皆當信受。聞名功德如此。釋迦及十方諸佛。同所宣說。可不信乎。

初勸信流通竟。

(講)正文是故舍利弗。汝等皆當信受我語。及諸佛所說。是字指法之辭。

指上文釋迦諸佛所說。聞經受持。及聞佛名。皆得圓證三不退地。圓三不退。乃一生成佛之異名。故勸身子等（等當時在會大衆。及盡未來際衆生。）皆當信解受持。聞名功德。尚且如此。何況受持是經。一心念佛者。此為釋迦及十方諸佛。異口同音之所宣說。豈可不信乎。初勸信流通竟

丙二勸願流通

【經】舍利弗。若有人已發願。今發願。當發願。欲生阿彌陀佛國者。是諸人等。皆得不退轉於阿耨多羅三藐三菩提。於彼國土。若已生。若今生。若當生。是故舍利弗。諸善男子。善女人。若有信者。應（平聲）當發願。生彼國土。

【解】已願已生。今願今生。當願當生。正顯因信所發之願

無虛也。非信不能發願。非願信亦不生。故云若有信者應平聲當發願。

（講）上科勸信。此科勸願。佛復告舍利弗云。若有人發願欲生彼國。發願是自力。佛願接引是他力。會自他二力。故有願者無一不生。皆得不退佛果也○已願已生者。謂過去前哲求生淨土。往生集中四衆往生不一而足。今願今生者。謂現今求生淨土之人。祇要信願力行。臨命終時心不顚倒。定蒙佛聖接引往生。當願當生者。謂當來之世。若有人願生西方一心念佛。彌陀悲願無盡。壽命無量。自然不違本願。接引往生。正顯依信所發之願無虛也。

問。十方信願念佛往生者衆。極樂世界何以容納。答。維摩居士方丈之室。祇有一丈之方。尚能容三萬二千師子之座。況彌陀願力所成之極樂淨土乎。喻如滄海納衆流而不溢。尺鏡含萬象而有餘。何疑之有。非信不能發願。非願信亦不生者。此明信願互助。謂若非深信西方。無有衆苦。但受諸樂。則不發欣厭心。願生彼國。是信爲往生淨土之前矛○若但有信。而無志願求生。則信心雖足。亦不能得生淨土。譬如相信輪船能運載行旅到達家鄉。倘不願乘輪。亦不得到。故勸云。若有信者。（有信之人）應當發願求生彼國。

（解）又願者信之券。行之樞。尤爲要務。舉願則信行在其中。所以殷勤三勸也。

（講）此明三資中要信願行三。願爲尤（更也）要。故以願爲信之文券。行之門樞。喻信有願。則文券在手。決無改悔。行有願。則門樞安立。決定無倒。舉一願則信行二者在其中。故爲要務。所以信行祇一勸。願則殷勤三勸也。

此是第三番勸願。第一番。在正宗第二科中。因聞說依正莊嚴。衆生生者。皆得不退。故初勸云衆生聞者。應當發願願生彼國。〇第二番在正宗第三科末。次聞念佛一心不亂。臨終見佛。心不顛倒。即得往生。故重勸云若有衆生聞是說者。應當發願生彼國土〇第三番即本科。欲生彼國有願必生。皆得不退。佛果。故三勸云若有信者。應當發願生彼國土。而釋迦悲心特切。不憚重煩。再三勸諭。若不發願求生淨土。則辜負佛恩甚矣。此。皆淨宗指訣。世人多。夢夢不了。所以雖修無功。

(解)復次願生彼國。即欣厭二門。厭離娑婆。與依苦集二諦所發二種弘誓相應。欣求極樂。與依道滅二諦所發二種弘願相應。故得不退轉於大菩提道。

(講)此明願依四弘。上云發願皆得不退菩提。願之爲力。何以如是之大。故復次顯明願即欣厭二門。二門具足菩薩四弘誓願。厭門厭離娑婆衆苦逼迫。一切衆生。皆在生死苦海之中。頭出頭沒。故依苦諦發衆生無邊誓願度之願。○厭離娑婆。諸惑熾盛。五住煩惱。悉皆積集衆生心中。起業感報。故依集諦發煩惱無盡誓願斷之願。○欣門欣求極樂。助道緣足。常得聽聞根（五根）力（五力）覺（七覺分）道（八正道）道品等法。諸善俱會。故依道諦發法門無量誓願學之願。○欣求極樂。衆生生者。皆得不退。無上菩提。一生補處。故依滅諦發佛道無上誓願成之願。願離娑婆。願生極樂。既與四弘誓願相應。故得不退轉於大菩提道。

（解）問。發願但可云當生。何名今生。答。此亦二義。一約一（有此義。方使一生要期非謬。）期名今現生。發願持名。臨終定生淨土。二約一剎那名（有此義。方能深入一行三昧。）今一念相應。一念生。念念相應。念念生。妙因妙果。不離一心。如秤兩頭。低昂時等。何俟娑婆報盡。方育珍池。只今信願持名。（此即理之事。非徒論理。）蓮萼光榮。金臺影現。便非娑婆界內人矣。

（講）此破疑。一問二答。初答易知。二答約一刹那。（時之最短也。一念之中。具足九十刹那。）一念相應。即因果相應。能念念心為因。所生為果。如有人發信願心。執持名號。西方七寶池中。即時產一蓮萼。標名於上。若精進勇猛。蓮萼日見增長光榮。若懈怠退悔。日漸焦枯。一念如是。念念皆然。是謂妙因妙果。因果同時。不可思議。皆不出一心。喻如一秤。（喻心）兩頭低昂（高也）。低昂不離一秤。喻榮枯因果。不離一心。同在一時也。

何俟（待也）娑婆報盡。方育（生也）珍（七寶）池。此即今願今生。尚不待一期報盡。何況當來。故曰只今不俟移時。正信願持名。則蓮萼光榮。金臺影現。影不離形。果不離因。此皆即理即事。事不礙理。非徒論理也。故知此等行人。便非娑婆界內人矣。

引證。昔可久大師。常誦法華。人呼久法華。元祐八年坐化。越三日復還。語人云。吾遊淨土。見勝境。與經符合。無異。此間修淨業者。蓮萼皆已標名。標金臺者。有成都廣敎院勳公。有明州孫十二郎。及可久。標銀臺者。明州徐道姑。言訖復化。後孫十二郎臨終。天樂鳴空。徐道姑亡。異香滿室。

又越國夫人王氏。領導妾婢。專修淨土。後有一婢無疾而逝。其夕夫人。夢婢致謝。幸蒙敎誨。得生淨土矣。夫人曰。西方其可至乎。婢曰可。遂導夫人。頭見一大池。中有蓮華。大小間錯。榮悴不等。夫人問其故。婢曰。世間修西方者。纔發一念。此中便生一華。勤惰不同。榮悴亦異。中有一人。朝服而坐。寶冠瓔珞。莊嚴其身。夫人問曰。何人耶。婢曰。楊傑也。又一人朝服而坐。又問何人。婢答馬圩也。兩人俱修淨業。事具本傳。夫人問曰。我當生何處。婢復導之行。可數里。見一華臺。金碧輝煌。光明洞然。曰此夫人生處。乃金臺上品上生也。既覺。悲喜交至。其年遇生日。晨起秉爐焚香。望觀音閣而立。

諸眷方趣前爲壽。視之則已立化矣。

（解）極圓極頓。難議難思。唯有大智。方能諦信。

（講）一句名號。即佛即心。圓具三學。圓該萬行。一心執持。便得頓超五濁。頓出生死。故爲極圓極頓。此義非言語思量之所能及。故曰難議難思。唯有大智慧者。方能諦實信受。故直告舍利弗也。二勸願流通竟

丙三勸行流通分二　丁初諸佛轉讚　二教主結歎　今初

（經）舍利弗。如我今者。稱讚諸佛不可思議功德。彼諸佛等。亦稱讚我不可思議功德。而作是言。釋迦牟尼佛能爲甚難希有之事。能於娑婆國土。五濁惡世。劫濁。見濁。煩惱濁。衆生濁。命濁。中得阿耨多羅三藐三菩提。爲諸衆

生。說是一切世間難信之法。（此句重在持名故是勸行）

（講）此文述諸佛轉讚之辭。呼舍利弗而告曰。如我今者。稱讚諸佛不可思議功德。研究上文。釋迦自說如我今者讚歎阿彌陀佛不可思議功德之利。此云稱讚諸佛。（唐譯亦是讚歎。無量壽佛。）當以二義釋之。一以彌陀即法界藏身。前云念一佛。即念一切諸佛。則讚彌陀。即稱讚諸佛也。二釋迦述六方諸佛勸信之辭。即廣有讚歎諸佛。助揚淨土功德。故曰稱讚諸佛也。彼諸佛等。亦稱讚我不可思議功德。即為諸佛轉讚。而作是言。下即轉述諸佛讚辭。能為甚難希有之事。此二句是總讚。下五濁成道說此經法。是為別讚。

（解）諸佛功德智慧。雖皆平等。而施化則有難易。

（講）佛佛道同。故所有功德智慧。悉皆平等。所有自證。雖皆平等。而施化他之迹。則有難易不同。亦各隨願力而已。

(解)淨土成菩提易。濁世難。爲淨土衆生說法易。爲濁世衆生難。爲濁世衆生說漸法猶易。說頓法難。

(講)淨土。即極樂五清之淨土。又十方清淨佛土。濁世。即娑婆五濁之惡世。兩土成佛說法。自有難易之分。據便蒙鈔說有十種。一淨土常常見佛故易。濁世不常見佛故難。二淨土常常聞法故易。濁世不常聞法故難。三淨土諸善俱會故易。濁世惡友牽纏故難。四淨土無有魔事故易。濁世羣魔惱亂故難。五淨土不受輪迴故易。濁世輪迴不息故難。六淨土無三惡道故易。濁世惡趣難逃故難。七淨土勝緣助道故易。濁世塵緣障道故難。八淨土壽命無量故易。濁世壽命短促故難。九淨土圓證不退故易。濁世修行多退故難。十淨土一生成佛故易。濁世多劫難成故難。此論淨土濁世成佛難易之相。

爲淨土衆生說法易。爲濁世衆生難者。淨土衆生根利。惑業俱輕。故一聞說法。卽便信受。發解起行。速得證入。故易。濁世衆生根鈍。惑深業重。雖聞說法。聞多不信。則解行證入。更不待言。故謂之難。

爲濁世衆生說漸法猶易。說頓法難者。漸法卽五戒。十善。四諦。十二因緣等法。猶易生信。若說頓法。卽大乘圓頓之法。衆生本來是佛。萬法不出一心等法。則雖說者諄諄。而信者寥寥。故謂之難。

（解）爲濁世衆生說餘頓法猶易。說淨土橫超頓法尤難。

（講）餘頓法。指淨土之外。其餘說禪宗是最上一乘圓頓修證之法。不立語言文字。不起思量分別。一念不生。當體卽佛等法。猶覺容易。而說淨土橫超三界。疾出生死之頓法。而望其信入者。尤更也難。

（解）爲濁世衆生。說淨土橫超頓修頓證妙觀。已自不易。說此無藉劬勞修證。但持名號。徑登不退。奇特勝妙。超出思議。第一方便。更爲難中之難。故十方諸佛。無不推我釋迦。偏爲勇猛也。

（講）此以淨土比較。爲濁世衆生。說淨土橫超之法。頓修頓證妙觀。卽實相念佛。與觀想念佛。已自不易。說此無藉劬勞（不勞參究不必觀想）但修持名一法。執持名號。七日一心不亂。卽得往生極樂。徑（小路喻其迅速）登三不退位。一生補處。圓成佛果。此等奇特希有。殊勝絕妙之法。超出思議之表。爲方便中第一方便。此更爲難中之難也。故得諸佛稱讚。無一不推我釋迦於佛道難成者能成。於頓法難說法者能說。偏爲勇猛大雄。大力者也。

（解）劫濁者。濁法聚會之時。劫濁中。非帶業橫出（突圍而出）之行。必不能度。

（講）此下明五濁。本師於五濁惡世成佛。為濁世衆生說法。深知此界衆生。非此持名圓頓之法門。必不容易度出生死海。故無問自說。不特佛道難成能成。即此頓法難說。亦能說。實為甚難希有也。故蕅公解此五濁之文。一一按持名念佛法門。而解釋之。

劫濁者。劫是時分。本來無有濁。因有四種濁法聚會。此時是以成濁。楞嚴經云。譬如清水。清潔本然。如若有人。投以沙土。土失留礙。水亡清潔。容貌汩然。名之為濁。

劫濁無別體。四濁交湊。即其相也。此當減劫。人壽減至二萬歲時。衆生具下四濁。即名劫濁。若減至人壽百歲。名為五濁惡世。本師於此時出世成道說法。足見本師願力之堅強。不畏不懼。極樂世界。是五清淨土。無有濁惡之事。我等自當捨濁就淸。求生彼國。以超劫濁。但劫濁之中。若非持名念佛。帶業往生。突圍而出。橫超三界之行。必不能得度。

（解）見濁者。五利使。邪見增盛。謂身見。邊見。見取。戒取。及諸邪見。昏昧汩沒。故名爲濁。見濁中。非不假方便之行（意見不容）。必能度。

（講）見濁者。五利使爲體。諸見熾盛。卽其相也。五利使。謂身見。邊見。見取。戒取。及諸邪見。以此五種之惑。能使衆造業受報。趣入生死。故名爲使。機微迅速。是以曰利。〇一身見者。妄認四大爲身。而起我身之見。深生愛著。不悟四大假合。虛幻無常。〇二邊見。執斷執常。而起二邊之見。一味偏執。不悟見解旣偏。失乎中道。〇三見取。非果（非涅槃果）計果（妄計爲果）。而起涅槃之見。

未證謂證。不悟有漏界中。終非究竟。〇四戒取非因（非修行眞因）計因（妄計爲因）而起持戒之見。修諸苦行。不悟蒸沙作飯。塵劫難成。〇五邪見撥無因果而起邪外之見。以盲引盲。疑誤衆生。墮入深坑。此五種妄見。昏昧汩沒渾濁自性。故名見濁。極樂國中。人皆正見。我等自當念佛求生彼國。以超見濁但見濁之中。若非一心持名念佛。不容絲毫意見。不假參究觀想諸餘方便之行。必不能得度。

（解）煩惱濁者。五鈍使煩惑增盛。謂貪。瞋。癡。慢。疑。煩動惱亂。故名爲濁。煩惱濁中。非卽凡心是佛心（無取無捨）之行。必不能度。

（講）煩惱濁者。五鈍使爲體。煩惑增盛。卽其相也。五鈍使。謂貪瞋癡慢疑五種。根本煩惱。能生其餘枝末煩惱。惑亂衆生之心。故以煩惑增盛爲其相根本煩惱有六。前五利使。即不正見根本煩惱。屬見惑。此五鈍使屬思惑。以此五種之惑。能使衆生造業受報。趣入生死。故名為使。比前五利稍為重滯。是以曰鈍。○一者貪心。於順情境上。起諸貪愛。不能看破。不了一切有為法。如夢亦如幻。○二者瞋心。於違情境上（即逆境）起諸瞋恨。不能含忍。不了一念瞋心起。八萬障門開。○三者癡心。於中庸（不順不逆）境上。起諸癡心。不能覺察。不了諸行是無常。到底總是空。○四者慢心。於諸衆生。心起傲慢。不能謙遜。不了諸衆生佛性本平等。○五者疑心。於諸人法。心起疑貳。不能決斷。不了是善則可親。是道則可進。此五種妄心。煩動惱亂。渾濁自性。故名煩惱濁。極樂國中。諸善聚會。離諸煩惱。我等自當念佛。求生彼國。超煩惱濁。但煩惱濁中。若非持名念佛。無取無捨。即凡心是佛心（了知心即是佛。無凡聖取捨。）之行。必不能得度。

（解）衆生濁者。見煩惱所感。麤弊五陰和合。假名衆生。色心並皆陋劣。故名爲濁。衆生濁中。非欣厭（取捨熾然）之行。必不能度。

（講）衆生濁者。五陰和合爲體。假名稱呼。卽其相也。見（見濁）煩惱（煩惱濁）所感麤弊五陰者。卽見思二惑爲界內生死之因。依見思惑造有漏業爲緣。惑業因緣爲能感（感招也）麤弊五陰爲所感。麤弊五陰者。麤是麤陋。弊是弊惡。謂其不勝也。五陰卽色受想行識。陰有蓋覆義。衆生積聚五法。蓋覆眞性故。○何爲和合。衆生外身是色陰。有質礙之義。以皮肉筋骨。皆有形質留礙。故屬色陰。○內心是後四陰。受有領納之義。前五識緣色聲香味觸。領受五塵之境。故屬受陰。○想有取像之義。第六識種種分別。計度想像法塵之境。故屬想陰。○行有遷流之義。第七識恆審思量。念念遷易。如急流水。故屬行陰。○識有執持之義。第八識執持息煖壽三者。一期住世。令不散壞。故屬識陰。

中間三陰。有謂是徧行五心所中受想思三心所者。今分屬前七識。有何義可據。以諸識雖皆有受。而前五識領受五塵受力偏强。故以屬之。又諸識雖皆有想。而第六識憶想分別。想力偏勝。故以屬之。又諸識雖皆有思。而第七識恆審思量。思義偏重。故以屬之。若以中三陰判屬受想思三心所。不能包括前七識。今判屬前七識。自可不遺心所。請質高明。

五陰。不出色（第一陰）心（後四陰）二法。色法有地水火風四大。外身皮肉筋骨。爲地大。痰淚精血。爲水大。周身煖觸（熱氣）爲火大。氣息動轉。爲風大。四大和合。外身生。四大分離。外身死。（身死之時。風大先離。全身不動。氣息亦絕。次火大離。煖相盡。冷觸生。後尸爛水流。筋骨終化爲土。金光明經云。四大假合。無可愛樂。）心法有八識心王。五十一心所。以此六十三法和合假名衆生。卽衆法和合而生。故稱衆生。

色心並皆陋劣者。陋則不美。劣則不勝。此之色心不淨。（從頭至脚。三十六物。悉皆不淨。）無常（內外身心有生必滅）苦（衆苦所集）空（到底成空）故並皆陋劣名衆生濁極樂生身蓮華化生，清淨莊嚴微妙相好我等自當念佛求生彼國超衆生濁但衆生濁中若非持名念佛欣慕極樂厭離娑婆捨穢取淨之行必不能得度

（解）命濁者因果並劣壽命短促乃至不滿百歲故名命濁命濁中非不費時劫（應量而飽）不勞勤苦之行必不能度

（講）命濁者色心連持爲體催年減壽即其相也因果並劣因即見濁煩惱濁見思二惑爲受報之因果即是衆生濁麤弊五陰爲託生之果若因若果並皆是劣命以色心二法互相連持爲體色即地水火風之色法（身也）心即見聞覺知之心法（心也）身心相依爲命若無識陰之心執持則色法之身必爛壞若無色法之身執持則八識之心無所託故曰連持○催年減壽即壽命短促乃至不滿百歲故名命濁極樂國中彼佛壽命及其人民

無量無邊。我等自當發心念佛。求生彼國。超越命濁。但命濁中。若非一心念佛。七日功成。乃至十念一念。皆得往生。隨入工夫善根。皆得滿願。如大海水。阿修羅乃至蚊蚋。飲之皆得應量而飽。並不費時劫。不勞勤苦之行。必不能得度。

(解)復次祇此信願莊嚴一聲阿彌陀佛。轉劫濁為清淨海會。轉見濁為無量光。轉煩惱濁為常寂光。轉眾生濁為蓮華化生。轉命濁為無量壽。

(講)此明三資能轉五濁。祇此信願莊嚴一聲阿彌陀佛者。謂不必假藉諸餘法門。祇此信願行三資。即可轉五濁為五清。信願是慧行。為能莊嚴依慧行而起行。行執持一聲(即一句六字洪名)阿彌陀佛。即行行。又即以此二行莊嚴淨土。故能轉五濁也。眾生自心法界。本來清淨。迷則成濁。今既覺悟而起信願行三資糧。自可轉濁成清。莊嚴淨土矣。劫濁。爲濁法聚會之時。今念佛往生極樂。則轉劫濁。爲淨法聚會。○見濁。邪見增盛。今念佛往生極樂。則轉見濁。成智德無量光。○煩惱濁。煩惑增盛。今念佛往生極樂。則轉煩惱濁。成斷德常寂光。○衆生濁。色心陋劣。今念佛往生極樂。則轉衆生濁。爲蓮華化生。清淨勝妙。○命濁。壽命短促。今念佛往生極樂。則轉命濁。爲無量壽。壽與佛同。此皆以三資糧。爲能轉五濁爲所轉。舉世之人。如果個個都能發心念佛。轉穢令淨。轉苦爲樂。則不難轉娑婆而成極樂矣。

淨宗千古之蘊。一旦發盡。希有。哉。

(解)故一聲阿彌陀佛。卽釋迦本師於五濁惡世所得之阿耨多羅三藐三菩提法。

(講)故字。承上文一聲佛號。能圓轉五濁。圓成五清。則一聲佛號功德。不可思議。即是本師於五濁惡世。所修因行所得果覺之全體也。

(解)以此果覺全體。授與濁惡衆生。乃諸佛所行境界。唯佛與佛能究盡。非九界自力所能信解也。

(講)以此之此字。指上文一聲阿彌陀佛。即是本師所證果覺之全體。今即以此果覺全體。一聲阿彌陀佛。授與五濁惡世衆生。如何授與。佛說此經。教人起信發願。專持一聲阿彌陀佛名號。便得圓成果覺。故爲授與。乃諸佛所行境界者。能於五濁惡世。說難信之法。乃是諸佛所行之境界。唯佛與佛。乃能究盡。難行能行也◯非九界自力所能信解者。非獨六凡二乘。自力不及。亦非菩薩法界自力所能信解也。

(解)諸衆生。別指五濁惡人。一切世間。通指四土器世間。九界有情世間也。

（講）爲諸衆生說是一切世間難信之法。諸衆生。是別指五濁惡世之人。一切世間。是通指情器二世間。因佛自居佛法界。是正覺世間。說是一切世間難信法。此一切（去聲）世間。包括九法界。是通指四土依報之器世間及九法界正報之有情世間。（即菩薩法界。尚有情識未盡故也。）初諸佛轉讚竟。

丁二教主結歎前勸信流通。是諸佛付囑。此本師付囑。囑語略別從通。但云一切世間。猶前諸佛所云。汝等衆生。當知文殊迦葉等皆在所囑也。

（講）此科題以下之文。乃蕅公標明科意。科名教主結歎。亦即付囑流通。前勸信流通。是諸佛付囑。此本師付囑。囑語略別從通者。上科有別指通指二義。本科但云爲一切世間。不云爲諸衆生者。卽略其別義。但從通義。以通該別也。猶如前文六方諸佛勸信文中所云。汝等衆生當信是。汝等二字。通指彼國九界衆生在內。今本師云一切世間。亦復如是。當知文殊迦葉等。皆在所囑也。

經 舍利弗。當知我於五濁惡世。行此難事。得阿耨多羅三藐三菩提。為一切世間。說此難信之法。是為甚難。

(講)此本師重呼當機付囑云。汝等應(平聲)當了知。我在此五濁惡世。行此等難事。此字指成道說法二事。濁世佛道難成。頓法難說。已解在前。今難成者能成。早得無上正等正覺之佛道。難說者亦能說。竟為一切世間(九界衆生)說此持名難信之法。此二事不獨是難。且是難中之難。故曰甚難。此句即屬勸行流通。既是甚難說者我今已說。汝等自當力而行之。又非僅自行。且當化他。輾轉流通。俾得利益今後也。

(解)信願持名。一行不涉施為。圓轉五濁。唯信乃入。非思議所行境界。設非本師來入惡世。示得菩提。以大智大

悲。見此。行此。說此。衆生何由稟此也哉。

(講)此明法門難遇。信願持名一行。爲第一無上法門。不涉施爲。卽不假參究。不勞觀想。但一心專持名號。卽得圓超五濁。如前所說。唯有智者方能深信。乃可得入。非是意識思議所行境界。是爲圓頓不思議境界。設非本師。來入惡世。示得菩提者。以此不思議法門。設或不是本師乘大願輪。來入五濁惡世。示現難行能行。難得能得。得成無上菩提。於此不思議境界。亦不能究盡。

旣成菩提。以大智卽一切種智。以大悲卽同體大悲。見此圓頓法門。可以圓超五濁。行此圓頓法門。自己圓轉五濁。說此圓頓法門。欲令衆生修此同出五濁。設非本師。如是一切衆生。何由聞此勝異超絕之法門。而得稟承也哉。誠法門之難遇也。

(解)然吾人處劫濁中決定爲時所圍爲苦所偪。此五段應與。五必不能度之訓。合觀。

(講)此明五濁難超。文有五段。此文要與前文五濁中五種必不能度之訓合觀。謂吾人處此濁法聚會之時。決定爲時劫之所圍囿。囿者苑囿。四邊有圍垣圈囿。其中不能出。如囚在獄。不能逃也。劫濁難逃。亦復如是。若非念佛帶業橫出三界之行。必不能超度也。

(解)處見濁中。決定爲邪智所纏。邪師所惑。

(講)吾人處此見濁之中。諸見熾盛。正眼未開。決定爲邪智所纏繞。邪智者。邪知邪見。卽五利使見惑是也。邪師所惑。如印度九十六種外道等邪說之所惑亂。見濁難逃。若非念佛。不假諸餘方便之行。必不能超度也。

(解)處煩惱濁中。決定爲貪欲所陷。惡業所螫

(講)吾人處煩惱濁中。煩惱熾盛。八萬四千塵勞煩惱。貪爲上首。所貪之

境。五欲爲多。五欲有二。一財色名食睡。二色聲香味觸。衆生對此欲境。決定起貪。故曰決定爲貪欲所陷。陷卽陷穽。一陷貪欲之中。多造惡業。猶如人陷毒壑。必爲惡毒所螫。煩惱濁難拔。若非念佛卽凡心是佛心之行。必不能超度也。

(解)此衆生濁中。決定安於臭穢。而不能洞覺。甘於劣弱。而不能奮飛。

(講)吾人處此衆生濁中。五陰麤弊。決定不淨計淨。安於臭皮囊盛滿汚穢。而不能洞然明白也。覺悟其爲不淨。深生厭離。甘心受此劣弱之軀。而不能奮然而起。發向上心。以求淸淨莊嚴之果報。於衆生濁不能超越。若非念佛欣淨厭穢之行。必不能超度也。

(解)處命濁中。決定爲無常所呑。石火電光。措手不及。

(講)吾人處此命濁之中。壽命短促。無常迅速。決定爲無常所吞。卽此身心念念生滅。皆屬無常。猶如石火電光。一閃便過。無可挽留。人命無常。只在呼吸之間。古德警語云『但念無常。愼勿放逸』卽使發心修行。倘修餘行。無常一到。便是措手不及。是謂命濁難超。若非念佛。不經時劫。不勞勤苦。十念卽生之行。必不能超度也。

(解)若不深知其甚難。將謂更有別法可出五濁熢焞宅裏。戲論紛然。當知甚難之旨。從來未經道破。確然確然。

(講)此明不知之失。若不深知此法甚難希有。第一方便。力行不懈。求出五濁。將謂更有別種法門。深奧玄妙。可出五濁。此等人。定屬見惑所誤。邪智所纏。或爲邪師引誘。貪奇好妙。或重無益之苦行。不肯老實念佛。求離娑婆。求生淨土。則在此臭煙熢焞。火宅之裏。貪着嬉戲。起諸邪智邪見戲論(無有眞理實行)紛然。雖多無益。不能出離五濁惡世。三界火宅。

(解)唯深知其甚難。方肯死盡偷心。(功在萬世)寶此一行。此本師所以極口。說其難。甚而深囑我等當知也。初普勸竟。

(講)此明知難之得。唯有深知此法甚難遇。今已得聞。五濁甚難出。今可圓超。如向處幽暗之區。乍覩光明之幢。久困飢寒之國。忽聞飽煖之方。詎不身心踴躍。信願修持。故曰方肯死盡偷心(即所謂更有別法可出生死)不修餘行。專事持名。寶此一行三昧。持名念佛。爲一行三昧。偷心不死。即是志不決定。不肯死心念佛。今偷心既死。信願之慧行已立。以一行三昧。爲斬煩惱魔之寶劍。持名之行。行亦修。以一行三昧。爲渡生死海之寶筏。何難直泛蓮池海會。圓超五濁。圓證四土。是以本師說其甚難。而深囑我等當知也。即當知五濁甚難出。念佛必能度。我等自應深信切願。力行念佛。方不負本師至極悲心也。二教主結勸科竟。併前大科。初普勸竟。

乙二結勸

【經】佛說此經已。舍利弗。及諸比丘。一切世間。天人阿修羅等。聞佛所說。歡喜信受。作禮而去。

(解)法門不可思議。難信難知。無一人能發問者。佛智鑒機。知衆生成佛緣熟。無問自說。令得四益。如時化。故歡喜信受也。身心怡悅。名歡喜。毫無疑貳。名信。領納不忘。名受。感大恩德。投身歸命。名作禮。依教修持。一往不退。名而去。

(講)淨土法門。至簡易。至直捷。至圓頓。可以圓離五濁。橫超三界。直截生死。速成菩提。不可思議。人所難信。亦所難知。故無人有能發問者。

佛智鑒機。謂佛以差別智而鑒（照也察也）衆生之機。宜了知衆生成佛之機緣成熟。故無問（不待問而）自說。令衆而得四益。先總標下別指。

佛說此一卷阿彌陀經已畢。當機舍利弗及諸常隨比丘衆。不言聲聞緣覺菩薩者。結集家語略也。此科非佛說。乃結集家敍述法會圓滿。法衆得益。於比丘外。尚有一切世間。此指六凡有情世間。但舉天人阿修羅三道餘以等字該之。

聞佛所說此不思議法門。得未曾有。幾如得雨化禾。春雷躍鯉。故歡喜信受也。身心怡悅。若身若心。怡然自得。歡悅無量。此乃世界悉檀歡喜益也毫無疑貳。名信者。以佛具五語（眞語。實語。如語。不誑語。不異語。）可信。更加六方諸佛各出廣長舌相。同音讚歎。故然毫無有疑貳。信之深也。領納不忘。名受者。既信佛說。自然言言領納。識藏不忘不失。此信受。乃為人悉檀生善益也。

感大恩德。投身歸命。名作禮者。能令衆生。出死苦。得涅槃樂。是爲大恩大德。佛於娑婆五濁惡世。成無上道。說難信法。欲令衆生信願修持。同出五濁。是謂泛寶筏於生死海中。普度衆生。同登涅槃彼岸。感此大恩大德。故投身歸命。名爲作禮。此乃對治悉檀。破惡益也。既歸命於佛。常隨佛學。自得破除三惑五濁之惡也。

依教修持。一往不退。名而去者。依不思議教。修不思議法門。成不思議感應。圓證三不退。一往直前。疾趣無上果覺而去。此乃第一義悉檀。入理益也。證入第一義諦之理故。流通分竟。

佛說阿彌陀經要解。講演已竟。且道我等。應如何而去。始得好把世間名利。抛去撇去。一切惑業。休去歇去。一聲阿彌陀佛。死心念去。修去。求生極樂。五清淨土去。疾趣阿耨多羅三藐三菩提去。切莫走向其他差路去。

勘誤表

漏字補入

頁	行	字	漏字補
8	10	6下 17上	陀
73	3	19下 20上	端
110	5	9之 8間	漢
116	8	26 25間	羅
161	7	24 25間	圍
175	11	7 8間	土
214	9 10 間小字	「思議」下加二字	如此
214	10	7 8間	究竟
222	11	空二字	陀
243	10	8 9間	無
244	5	4 5間	漢
250	11	韓致間	跋
265	6	17 18間	議
284	4	14 15間	向
285	7	8 9間	章
327	10	7 8間	沙
334	8	3 4間	議
340	4	6 7間	如
370	6	1 2間	不
370	8	15 16間	生
380	1	17 18間	生

又

159頁11行原文無〃環〃字今本多此字，可在環字上加一方框如：

環

357頁5行6字（願）應予删去

國家圖書館出版品預行編目資料

佛說阿彌陀經要解講義／圓瑛法師著作. -- 1 版. --
新北市：華夏出版有限公司, 2022.10
面； 公分. --（Sunny 文庫；237）
ISBN 978-626-7134-17-7（平裝）
1.CST：方等部

221.34 111007052

Sunny 文庫 237
佛說阿彌陀經要解講義

著 作 圓瑛法師
印 刷 百通科技股份有限公司
電話：02-86926066 傳真：02-86926016
出 版 華夏出版有限公司
220 新北市板橋區縣民大道 3 段 93 巷 30 弄 25 號 1 樓
電話：02-32343788 傳真：02-22234544
E-mail： pftwsdom@ms7.hinet.net
總 經 銷 貿騰發賣股份有限公司
新北市 235 中和區立德街 136 號 6 樓
電話：02-82275988 傳真：02-82275989
網址：www.namode.com
版 次 2022 年 10 月 1 版
特 價 新台幣 560 元 (缺頁或破損的書，請寄回更換)

ISBN： 978-626-7134-17-7